河合塾講師 登木健司・河合塾講師 守屋佑真

英語内容一致問題
講義の実況中継

語学春秋社

は じ め に

　本書は，守屋佑真・登木健司両講師による，現在の入試制度において大きな配点を占める内容一致問題についての徹底的な研究を目的としたものです。

　「時間内に解き終えることができない」という悩みを抱える受験生にとって，本書で紹介される様々な解法は大きな助けになるはずです。

　本書では，私立大学の内容一致問題を扱っていますが，共通テストや国立二次試験，その他各種民間試験の内容一致問題対策にも極めて有効であるのみならず，**あらゆる形式の内容一致問題を処理するスピードが格段にアップする**ものと信じます。

　また，皆さんの中には，自由英作文の対策が後回しになっている人も多いのではないでしょうか？　WRITING PICK UPのコーナーでは，内容一致のパートで使用し，構造と文法を完璧なまでに理解した英文を活用して，**リーディングをライティング(自由英作文)へと繋げていく，という画期的なメソッド**を丁寧に紹介しています。**「自由英作文の勉強を具体的にどこからスタートすればいいか」**という悩みについてのヒントがきっと得られるでしょう。

　なお，両講師の対談形式による，全10回の講義についてのアドバイスが音声(無料ダウンロード)で聞ける，という画期的な試みも用意されています。

　皆さんの志望校合格をお祈りしています。

登木 健司

講義の内容

各回のGRAMMAR FOR READINGは登木講師，WRITING PICK UPは守屋
講師の担当です。

内容一致問題を解くための「10の公式」

　　内容一致問題の選択肢は，正解の選択肢（通常は１つ）と，本文に書かれてある内容にかなり似せて作られたウソの選択肢によって構成されています。ウソの選択肢は，箸にも棒にもかからない，ほぼ全くと言っていいほど本文の内容と無関係な選択肢も確かにあるでしょうが，こういった選択肢で引っかかる人は少ないのです。

　　多くの場合，１つないしは，２つのウソの選択肢がかなり巧妙に作成されており，こういったウソ選択肢を制限時間内に切る，ということが合否を分ける大変重要な作業になってきます。本文を読むスピードも重要ですが，それと同じくらい重要なのが，作問者によって巧妙に作られたウソ選択肢を，素早く効率的に処理することです。つまり，**ウソ選択肢に惑わされる無駄な時間を最小化し，いかに早く正解の選択肢にたどり着けるか**ということが大事なのです。

　　模擬試験を受け，自己採点を終えた多くの受験生が口にするのは「最後の２択までは上手く選択肢を絞り込めるのに，最後の２つの選択肢で引っかかってしまった」という言葉です。巧妙なウソ選択肢に，最後の最後まで付き合わされ，「どっちかなー？」と悩んでいるうちに，時間がどんどん過ぎて行く…ついに他の設問を解く時間まで使い果たしてしまう…追い込まれてしまい，最後は気合で「エイ！」と“正解らしき選択肢”にダイブする感じですね。これで，飛び込んだ選択肢が正解なら，まだマシなのですが，もし不正解だと，ただ時間だけが奪われて，無得点という悲惨な結果になってしまうのです。

　　そういった状況に陥らないように，今回の内容一致問題講義を始めるにあたって，受験生が惑わされやすい，そして時間をロスしやすい，**ウソの選択肢の10パターン**を皆さんに特別に公開しようと思います。この10コの公式に基づいて，実際の入試英文を題材に，講義を展開していきます。

　　この10コの公式をマスターすれば，より迅速に，効率よく，正解にたどり着くことができるでしょう。「最後の２択でどっちにするか？」といったときの正答率も格段にアップするはずです。

公式 1 肯定否定，反対語によるウソ

本文では「…している」と言っているのに，選択肢では「…していない」とすり替えられている場合，その選択肢は×です。

公式 2 極端な言い回しによるウソ

本文では，ただ「…する」と言っているだけなのに，選択肢では「いつも必ず…する」とすり替わっている場合，その選択肢は×です。

公式 3 数値情報のウソ

本文では「半数の人(50%)が…する」と言っているのに，選択肢では「25%の人が…する」とすり替わっている場合，その選択肢は×です。

公式 4 主体のウソ

本文では「彼が問題を解いた」と言っているのに，選択肢では「彼女が…問題を解いた」とすり替わっている場合，その選択肢は×です。

公式 5 義務フレーズのウソ

本文では，ただ「…する」と言っているだけなのに，選択肢では「…しなければならない」とすり替わっている場合，その選択肢は×です。

公式 6 比喩・仮定表現のウソ

本文では，「(まるで)鳥のように」と言っているだけなのに，選択肢では「(実際に・現実に)鳥である」とすり替わっている場合，その選択肢は×です。

公式 7 比較のウソ

本文では「人口において，東京は，大阪よりも多い」と言っているのに，選択肢では「人口において，大阪は，東京よりも多い」とすり替わっている場合，その選択肢は×です。

公式 8 　因果関係・時系列のウソ

本文では「単語を覚えた後に，長文の勉強をする」と言っているのに，選択肢では「長文の勉強をした後で，単語を覚える」とすり替わっている場合，その選択肢は×です。

公式 9 　本文のフレーズをいくつか組み合わせたウソ

本文では「日本の首都は東京で，中国の首都は北京である」と言っているのに，選択肢では「日本の首都は北京で，中国の首都が東京である」とすり替わっている場合，その選択肢は×です。

公式10 　リード文に答えていないウソ

「日本の首都はどこか？」とリード文で問われているのに，選択肢では，日本の人口や面積を答えている選択肢は×です。

※上記の10の公式に入らない，選択肢の内容が本文中でほぼ全くと言っていいほど触れられていない，または設問とは全く無関係と考えるべき×の選択肢は，「記述なし」と表記しています。

本書で使用する記号

動 動詞　　　　名 名詞　　　　形 形容詞　　　副 副詞

前 前置詞　　　熟 熟語・フレーズなど　　　　　反 反意語

類 類語・類似表現

S　V　O　C　M　⇨ 主節部分の品詞分解

S´　V´　O´　C´　M´　⇨ 従属節部分の品詞分解

(S)　(V)　(O)　(C)　(M)　⇨ 準動詞，…ingや不定詞が作る文型

※ S は主語，V は動詞，O は目的語，C は補語，M は修飾語を表します。

※ Vi は自動詞を表します。

△　　　⇨ 従属接続詞，関係代名詞，間接疑問

□　　　⇨ 等位接続詞，相関表現，その他の慣用化した重要表現

(　)　⇨ 形容詞節

〈　〉　⇨ 副詞節

[　]　⇨ 名詞節

M 同格　⇨ 同格語句

S 欠　⇨ 主語欠如

O 欠　⇨ 目的語欠如

関・名　⇨ 関係代名詞

関・副　⇨ 関係副詞

関・形　⇨ 関係形容詞

等・接　⇨ 等位接続詞

従・接　⇨ 従属接続詞

疑・副　⇨ 疑問副詞

その他，受(受身)，否(否定)など。

[S] [V] [O] [C] [M] ⇨ 名詞構文，その他の潜在文型

第1問

次の英文を読んで，後に続く各問の答えとして最も適切なものを，それ
ぞれの①〜④の中から一つずつ選びなさい。

Leaving home to attend a college or university often leads to big changes for a student. One of these changes can be leaving behind a pet cat, dog, or other animal. Kimberly Brubaker says she feels emotionally connected to her cat and snake. "If an animal is a part of your life, and caring for it is a huge part of it, to take that away is 5 pretty dramatic," she said. So when she left home to attend Eckerd College and brought her pets with her, college officials actually gave her permission to live with them in one of the school's dormitories. In the U.S., Eckerd is not the only school to accept pets in student housing, but it may have been one of the first to do so. 10

Brubaker heads a student organization that registers on-campus pets. It makes sure that the animals are well taken care of, and that the students follow the college's pet policies. It also tries to resolve any disputes. "We check on the pets once a month — we go around and knock on all the doors," she said. The student group receives an 15 average of one or two reports of problems every month. But most issues are minor, such as misunderstandings of the rules about pet registration.

On-campus pets may actually be helpful to their owners and other people. Miranda Goodman-Wilson, an assistant professor of 20 psychology, recently helped write a study on the effect pets have on students. She noted students reported that their pets "reduced their levels of stress, and had very positive things to say about living with

1

the animals." Also, a majority of students claimed that animals were
25 a good influence on their educational performance. "I think that for
many students, having a pet provides a structure in their lives that
they would otherwise lack," she noted. "If you have a dog who has to
go outside to the bathroom, that's a powerful alarm clock!"

If you are looking for an animal-friendly college, you should know
30 that each school has different rules. There are more schools that
accept animals kept in small containers than ones that permit dogs or
cats. And where dogs are permitted, school officials may set limits on
the breed or size. Some colleges limit pets to students who have been
at the school for more than a year. Even Eckerd College only accepts
35 pets that lived with students before they started taking classes.

[Adapted from https://learningenglish.voanews.com/（一部省略）]

問1　What happened to Brubaker at the time she entered Eckerd
College?

① She managed to deal with the stress of leaving her pets at home.

② She decided to live with her pets in an apartment off campus.

③ She had to pay a lot of money in order to live with her pets.

④ She was allowed to live together with her pets on campus.

問2　Which of the following is true about the student organization
headed by Brubaker?

① It checks whether owners take good care of their pets once a
week.

② It receives a large number of complaints about pet owners every
week.

2

③ It sometimes deals with issues regarding pet registration policies.

④ It often has to resolve serious issues involving one pet hurting another.

問3　What kind of effects does having pets have on student owners?

① It has negative effects on their grades as they spend too much time with them.

② It helps them do better at college as it helps them manage their daily lives.

③ It increases their stress as they use a lot of energy to take care of their pets.

④ It has positive effects because their pets act as guard animals.

問4　Which of the following is **not** mentioned about the rules at some animal-friendly colleges?

① More schools accept larger animals such as dogs rather than smaller animals.

② Some colleges that accept dogs restrict them to only certain breeds and sizes.

③ A pet owner is required to have been a registered student for more than a year.

④ A pet owner has to have lived with the pet before starting to study at college.

第1パラグラフ

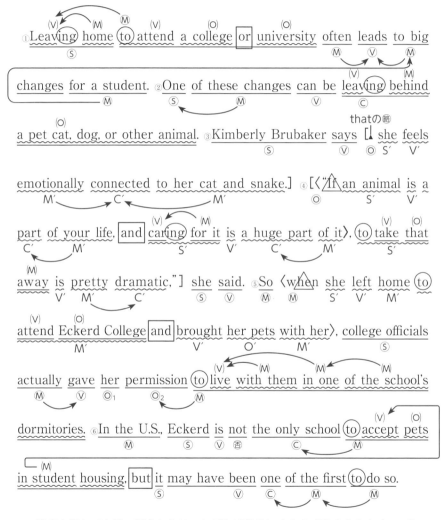

①実家を離れて大学へ通うことは，しばしば学生に大きな変化をもたらす。②その
うちの１つが，ペットの猫，犬，または他の愛する動物を置き去りにすることかも

しれない。③キンバリー・ブルベイカーは，彼女が彼女の猫やヘビに感情的なつながりを感じていると話す。④「もし動物が人生の一部であり，動物を世話することがその大部分であるのなら，動物を遠ざけることは非常に劇的なことです」と，彼女は言った。⑤だから彼女がエッカード大学に通うために実家を離れて，ペットを連れていったときに，大学当局は大学の寮の一つでペットと生活する許可を実質的に与えた。⑥米国で学生の住居にペットを受け入れている学校はエッカードだけではないが，エッカードは早くから受け入れを始めたうちの1校であったのかもしれない。

✓ Word Check

- ☐ attend 動「通う」
- ☐ leave behind 熟「置き去りにする」
- ☐ care for 〜 熟「〜を世話する」
- ☐ dramatic 形「劇的な」
- ☐ accept 動「受け入れる」
- ☐ may have 過去分詞 熟「…だったかもしれない」
- ☐ lead to 〜 熟「〜をもたらす」
- ☐ part 名「一部」
- ☐ pretty 副「非常に」
- ☐ dormitory 名「寮」

• 第2パラグラフ

①Brubaker heads │a student organization│ (that ● registers on-campus
　　Ⓢ　　　　Ⓥ　　　　　　　　　Ⓞ　　　　　Ⓜ　S欠　V´　　　O´　関・名

pets). ②│It│makes sure [that the animals are well taken care of,] and
　　　　　Ⓢ　Ⓥ　　Ⓒ　　　Ⓞ　　S´　　　　V´　　M´　　受

[that the students follow the college's pet policies.] ③│It│also│tries to│
　Ⓞ　　S´　　　　V´　　　　O´　　　　　　　　　　　Ⓢ　Ⓜ

resolve any disputes. ④["We check on the pets once a month — we
　Ⓥ　　　Ⓞ　　　　　　　Ⓞ S´　V´　　M´　　M´　　M´　　　S´

go around│and│knock on all the doors,"] she said. ⑤The student group
V´　　M´　　　　V´　　M´　　　　　　　Ⓢ　Ⓥ　　Ⓢ

receives│an average of│one│or│two reports of problems every month.
　Ⓥ　　　　Ⓜ　　　　　　Ⓞ　　　　Ⓜ　　　　Ⓜ

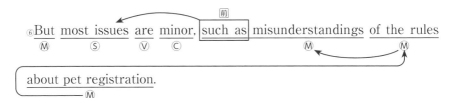

⑥But most issues are minor, such as misunderstandings of the rules about pet registration.

①ブルベイカーは校内のペットの登録を行う学校組織を率いている。②その組織は動物が良く世話をされているか，そして学生が大学のペット規定に従っているかどうかを確かめる。③その組織はまたどんな争いも解決しようとする。④「私たちは月に一度ペットを調べます。私たちは周りを回りすべてのドアをノックします」と彼女は言った。⑤学生グループは，毎月平均で1～2件の問題報告を受け取る。⑥しかし，ほとんどの問題は，ペット登録に関する規則の誤解など，軽微なものである。

✓ Word Check

- [ ] head 動「率いる」
- [ ] on-campus 形「校内の」
- [ ] policy 名「規定」
- [ ] dispute 名「争い」
- [ ] misunderstanding 名「誤解」
- [ ] register 動「登録する」
- [ ] follow 動「従う」
- [ ] resolve 動「解決する」
- [ ] minor 形「軽微な」
- [ ] registration 名「登録」

● 第3パラグラフ

①On-campus pets may actually be helpful to their owners and other people. ②Miranda Goodman-Wilson, an assistant professor of psychology, recently helped ● write a study on the effect (▲ pets have ● on students.) ③She noted [students reported [that their pets "reduced their levels of stress, and had very positive things (to) say about living with the

6

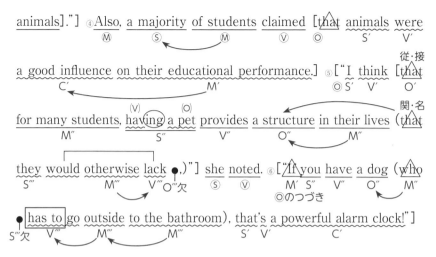

①校内のペットは実際にその持ち主やその他の人にとって有益であるかもしれない。②ミランダ・グッドマン・ウィルソン心理学助教授は最近、ペットが生徒に及ぼす影響についての研究の執筆を補助した。③彼女は、ペットにより「ストレスのレベルが低下し、動物と一緒に生活していることについて非常に肯定的な発言をする」と生徒が報告したと言った。④また、学生の多くは、動物が教育の成績に良い影響を与えていると主張した。⑤「多くの学生にとって、ペットを飼うことは、ペットを飼わない場合に欠落したであろう生活の規則性を提供すると思います」と彼女は言った。⑥「外へ出てトイレへ行かなければならない犬を持っているなら、それは強力なアラーム時計です！」

✓ Word Check

- □ owner 名「持ち主、所有者」
- □ psychology 名「心理学」
- □ effect 名「影響」
- □ provide 動「提供する」
- □ otherwise 副「そうでなければ」
- □ note 動「言う」
- □ assistant professor 「助教授」
- □ help (to) do 熟「～するのを助ける」
- □ educational performance 「教育の成績」
- □ structure 名「規則性」
- □ lack 動「欠落する」
- □ alarm clock 「アラーム時計」

• 第4パラグラフ

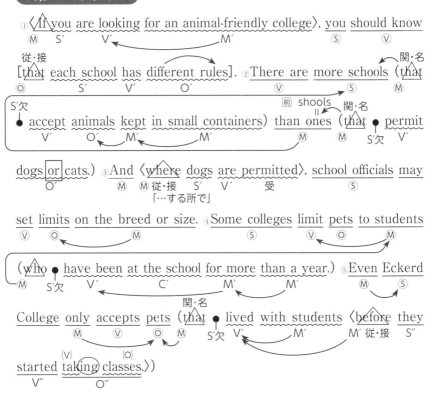

①あなたが動物に友好的な大学を捜しているなら，各学校には異なる規則があることを知るべきだ。②犬や猫を許可する学校よりも，小さな容器で飼育する動物を受け入れる学校のほうが多い。③そして犬を飼うことが認められているところでは，大学当局は種類や大きさに制限を設けているかもしれない。④ペットを飼うことを1年以上大学に在籍している学生に限る大学もある。⑤エッカード大学でさえ講義を履修する前から学生と生活していたペットだけを受け入れているのだ。

✔ Word Check

- □ look for 〜　熟「〜を探す」
- □ permit　動「許可する」
- □ breed　名「種類」
- □ container　名「容器」
- □ school official　「大学当局」
- □ limit　動「制限する」

8

○と×の根拠づけをしよう

問1　エッカード大学に入学したときブルベイカーに何が起きたか。

思考プロセス

　リード文に at the time she entered Eckerd College の文言があります
ね。こうした**時や場面に関する情報**は必要な情報を探し出すための目
印になります。

　この情報をもとに本文に戻ると，第1パラグラフ第5文(So when
she left home to attend Eckerd College ...)がリード文の言い換えになっ
ていることに気付くはずです。

　この文には，大学が寮の一つでペットと生活する許可を彼女に与えた
ことが書かれていますから，④が正解です。選択肢①・③については記
述がありません。②についてはポイントを解説しましょう。

①「彼女はペットを実家に置いていくストレスに対処することができた」

▶ manage to *do* は「どうにかしてやり遂げる」「なんとかして成功する」
　の意味です。　　　　　　　　　　　　　　　　　　　　　　　**記述なし**

②「彼女はキャンパス外のアパートでペットと暮らすことを決めた」

▶選択肢の off campus は「大学の敷地(キャンパス)外で」の意味です。
　こうした1語の違いは慌てていると見落としてしまいがちです。最後
　まで気を抜かないようにしましょう。

　　なお，第3パラグラフの冒頭でも On-campus pets とあり，寮でペッ
　トを飼うことは「キャンパス内」でペットを飼うことであると明確に
　分かることも確認してください。

公式 9 ◀ 本文のフレーズをいくつか組み合わせたウソ

③「彼女はペットと暮らすために多額の支出をしなくてはならなかった」 記述なし

④「彼女はキャンパス内でペットと暮らすことを許可された」
▶正解

問2　ブルベイカーによって率いられた学生団体について正しいものは以下のどれか。

思考プロセス

リード文に about the student organization headed by Brubaker の文言があることに着目しましょう。そうすると、本文中だと第2パラグラフ第1文が Brubaker heads a student organization で始まっており、リード文はこの箇所の言い換えになっていることに気付きますね。

この書き出しである以上、まずはこのパラグラフ内に解答の根拠があるとにらんで確認しましょう。

最終文（But most issues ...）に、ブルベイカーが率いる組織の扱う（軽微な）問題の具体例として、「ペット登録規定の誤解」が挙げられていますね。したがって、③が正解です。

④は記述がありませんが、①と②はポイントを解説しましょう。

①「その組織は週に一度飼い主がペットをしっかりと世話しているか確認する」
▶第2パラグラフ第4文（"We check on the pets ..."）には、ブルベイカーが率いる学生の団体が、ペットの状況を「月に一度」確認すると書かれていますね。確率・頻度・回数の違いで誤った選択肢とする問題は頻出ですから、しっかりと確認しましょう。 公式3 数値情報のウソ

10

② 「その組織は毎週飼い主に関するたくさんの苦情を受ける」

▶第2パラグラフ第5文(The student group receives ...)には，問題の報告数は平均すると月1，2件であると書かれています。選択肢中のa large number of complaints と every week のどちらにも誤りがありますね。数字の情報は読み飛ばさずにしっかり確認しましょう。

公式 3 数値情報のウソ

③ 「その組織は時にはペット登録規定に関する問題に対処することもある」

▶正解

④ 「その組織はしばしば，ペットが他のペットに危害を加えることを含めた深刻な問題を解決しなくてはならない」 記述なし

問3　ペットを飼うことは学生の飼い主にどういった種類の影響を及ぼすか。

思考プロセス

　リード文が student owners への effects について聞いている内容である点に着目しましょう。その上で本文に戻ると，第3パラグラフ第1文(On-campus pets may actually ...)と第2文(Miranda Goodman-Wilson, an assistant professor ...)に似た内容が書かれていることに気付きますね。この部分は【このパラグラフの抽象的テーマ（大学内でペットを飼うことの飼い主たちへの影響)】→【そのテーマをサポートする具体的内容（ある調査結果)】という展開になっています。

　この観点をもって第3パラグラフを読み進めていくと，第4文以降(Also, a majority ...)に，ペットが飼い主の学業に良い影響があることが，そして，その後の文(If you have ...)で，犬の存在が強力な目覚ま

しとなるということが具体的に挙げられていますね。

　このことから，犬のおかげで起床時間などの日常生活の管理がうまくいっていることが分かります。したがって，②が正しい選択肢です。④については記述がありませんね。①と③についてポイント解説をしておきます。

① 「ペットに時間を費やしすぎてしまうために，ペットを飼うことは飼い主である学生の成績に悪影響を及ぼす」

▶ 第3パラグラフには，ペットを飼うことが飼い主の学業に良い影響があることが述べられています。したがって，選択肢中の negative effects は反対の内容ということになります。なお，選択肢中の as 以下についても本文中に言及はありません。

公式 **1** 肯定否定，反対語によるウソ

② **「ペットを飼うことは学生が日常生活を管理する手助けとなるため，大学での成績を良くする助けとなる」**

▶ 正解

③ 「飼い主はペットの世話でたくさんのエネルギーを使うので，ペットを飼うことは飼い主のストレスを増大させる」

▶ 第3パラグラフ第3文(She noted students ...)に，ペットが飼い主のストレスを軽減するという報告について述べられていますので，increases は反対の内容ということになります。なお，選択肢中の as 以下の内容は本文中に述べられていません。

公式 **1** 肯定否定，反対語によるウソ

④「ペットが番をしてくれるのでペットを飼うことは良い効果がある」

記述なし

問4 動物に好意的な大学の規則について以下のうち言及されて**いない**
　　　ものはどれか。

思考プロセス

　リード文に登場する about the rules at some animal-friendly colleges
という表現に注目すると，第4パラグラフ第1文(If you are looking
for ...)に同様の表現がありますね。この付近に解答の根拠がありそうだ
と予想し，本文に戻りましょう。

　そうすると，第4パラグラフ第2文(There are more schools ...)に，
犬や猫よりも小さなケージに入る動物(小動物)を許可する大学の方が多
いことが述べられています。①の選択肢はこの動物のサイズに関する記
述が逆になっていますから，これが正解です。こうして誤った記述を選
ぶ問題は，いっそう一文一文の正確な理解が大切になります。登木先生
も重視されていることですが，英文構造をしっかりとつかみ，「なんと
なく」読むことのないようにしましょう。パラグラフの役割を意識しつ
つ，正確に英文を読み，根拠を明確にして解答を導く。得点力アップの
重要ポイントですよ。

①「**小動物よりも犬などのより大きな動物を受け入れる大学の方が多い**」
▶正解　　　　　　　公式9◀本文のフレーズをいくつか組み合わせたウソ

②「犬を許可している大学には特定の犬種やサイズに制限しているとこ
　　ろもある」
▶第4パラグラフ第3文(And where dogs are ...)の内容に一致。

13

③「ペットを飼うには大学に１年以上在籍している学生であることを求める大学もある」

▶第４パラグラフ第４文(Some colleges limit pets ...)の内容に一致。なお，a registered student は大学に登録されている学生，つまり，「在学生」の意味。

④「ペットを飼うには大学入学前にそのペットと暮らしていた者でなくてはならない」

▶第４パラグラフ第５文(Even Eckerd College only ...)の内容に一致。

[正解] 問１　④　　問２　③　　問３　②　　問４　①

GRAMMAR FOR READING ①
5文型

■5文型とM(修飾語)

5つの文型

SV「SがVする」

★この文型で使われるVを完全自動詞と呼びます。原則,Sを述べた後,Vだけで完全に自立して使うことができるので,OもCも付けません。Vの位置にくる代表的なものは,「移動する」「存在する」「あらわれる・生じる」「働く」などの意味をもつ動詞が多いようですが,それ以外の意味の動詞がくることもあります。

SVC「S=Cである(Cになる)」

★この文型で使われるVは,be動詞とそれに似た意味をもつVです。Sの様子や状態をあらわす名詞・形容詞がCの位置にきて,**SとCは,意味上イコール関係が成立します。**

SVO「SがOをVする」

★英語で最も多い文型です。be動詞以外の動詞がくれば,このSVO文型になる確率がとても高いでしょう。SVC文型と間違える人が多いので注意しましょう。Oの位置にくるのは,名詞(人とモノの名前)のみ。この文型では,SとOは,意味上イコール関係が成立しません。

SVOO「SがO₁にO₂を与える」

★ give などの「与える」というニュアンスをもつ動詞がこのカタチになることが多いようです。send O₁ O₂「O₁にO₂を送る」のように日本語訳は「送る」となっていますが,「送る」というのは要するに「与

える」と言い換えられますね。**give 以外の動詞でも,「与える」の意味に近いイメージをもつような動詞ならこの SVOO 文型になる可能性がある**ということです。

★私たち日本人にとって少し理解が難しい点ですが, 英語のセカイでは,「カタチノナイモノ(無形のもの・抽象的なモノ)を与える」といった考え方をする場合があります。例えば,「先生が, 生徒に英語を教える」といった場合, 日本語訳は「教える」となっていますが, 要するにこれは「先生が, 英語関する知識(英語の読解法, 英語文法の知識 etc.)を, 生徒に, 与える」というように言い換えることができますね。

　つまり, teach「教える」という動詞には,「与える」というニュアンスが感じられる場合があり, そのときは give と同じ SVOO の文型になることがあるということです。tell「人に知識や情報などを伝達する」なども, 要するに「人に情報を与えている」と言い換えられますから, tell も give のようなニュアンスが感じられる場合には, SVOO という文型が取れるわけですね。

ＳＶＯＣ「ＳはＯ＝Ｃであると思う」
　　　「ＳはＯにＣさせる」

★**この文型では, Ｏ＝Ｃの関係が成立し, ＯとＣには主語・述語の関係が成立します。**この文型では, think, believe, find といった「思う(認識)」の意味をもつ動詞か, force O to *do* ..., get O to *do* ...などの構文で「Ｏに…させる」の意味をもつ動詞がこの文型を取ります。

　S, V, O, C という４つの中心要素が組み合わさり, 上記の５つの文型のどれかのパターンに必ずなっています。どういった組み合わせになるか, つまり, **どの文型になるかを決定しているのは, 主に動詞です。**

動詞に注目することで文型に気づきやすくなります。文型ごとに、そこで使われる代表的な動詞はある程度決まっていますから、そういった頻出の動詞の使い方（**動詞の語法**）に慣れていくことで、正確に文型を捉えられるようになるでしょう。

　英文の中心要素と文型がしっかり決まれば、自信をもって意味を理解できるようになります。そして、英文の中心要素のSVOC以外の部分は、**修飾語のM**ということになります。Mとは、SVOCの中心要素を補足するための**プラスアルファの具体説明**のことです。

　まずは中心要素をしっかり押さえた上で、その次に、M（具体説明）をプラスしていくように読んでいけば、アタマの中が整理され、英文の意味をつかみやすくなるでしょう。

WRITING PICK UP ①
【論理展開】と【抽象・具体】

本コーナー初回の今日は，今回扱った文章の冒頭を題材にしたいと思います（※説明用に記号と数字を足してあります）。

---

① Leaving home to attend a college or university often leads to big changes for a student. ② One of these changes can be leaving behind a pet cat, dog, or other animal. ③ Kimberly Brubaker says she feels emotionally connected to her cat and snake. ④ "If an animal is a part of your life, and caring for it is a huge part of it, to take that away is pretty dramatic," she said.

この部分の論理展開に着目してみると，①〜④の情報が「段階的に」並べられていることがわかると思います。こういった展開を「だんだん具体化している」などと言ったりします。

読解の授業でこうした文が説明される際に，「**英文はこうして"抽象的"に述べた後で"具体的"に述べることが多い**」というように言われるのを皆さんも聞いたことがあると思います。

この【抽象から具体】という考え方は，リーディング・ライティングを問わず，英語を学習する際に重要な観点なのです。

●「抽象的」とは／「具体的」とは

では，「抽象的・具体的」とはどういうことなのでしょうか。大まかに説明すると，

「**抽象的**」であるとは，より多くのものがそのことばの傘下に収まるということ

「**具体的**」であるとは，より限られた範囲のものが該当するということ

ということができます。つまり，【抽象→具体】には【広く→狭く】という意味合いがあるのです。

改めて今回の①〜④の文，特に四角で囲った部分に着目すると，

18

> ① ... big changes ...(←「様々な大きな変化」と広く書き出す)
>
>   ∨
>
> ② One of these changes ...(←「そういった変化のひとつ」と狭める)
>
>   ∨
>
> ③ Kimberly Brubaker says ...(← 個人の話まで狭める)
>
>   ∨   ※【現在形＞過去形（過去一時点の出来事）】
>
> ④ ... she said. (← 実際に語った内容まで狭める)

とすることで，段階的に「より限定された範囲のこと」について述べていることがわかりますね。それゆえに①〜④まで**「抽象から具体」へと展開している**ことになるわけです。

以上を踏まえ，以下のテーマで答案を作成する場合を考えてみましょう。

> These days some high school students do volunteer activities. Do you think high schools should encourage more students to do volunteer work?

この問いに対して，【A】の主張ではじめたとして，その後はどのような順番で展開すればよいでしょうか。①〜③を並べ替えてみてください。

> 【A】 High schools should encourage more students to do volunteer activities.
>
> ①　When I helped a homeless person as a volunteer, I learned the importance of solving the problem, and this made me decide to become a politician in the future.
>
> ②　Doing volunteer work enables students to realize many problems in the world.

③ Some students may understand surprisingly many people are too poor to get enough food to eat.

（答え：②→③→①）

どうだったでしょうか。

例えば【students ＞ some students ＞ I】という点だけを見ても，**具体化が【対象となる範囲をだんだん狭くしていく】という方法で実現され得る**，ということがわかるのではないかと思います。

もちろん「具体的」にする方法は他にもたくさんありますが，まずはこの**【対象範囲を絞っていく】イメージをもって英文を書く意識**を持ちましょう。こうした展開のスムーズさこそがしっかりとした良い論理構成の鍵となります。

説得力のある主張をするためには，この抽象と具体の関係性を意識し「**はじめは抽象的に，そこから少しずつ具体的に**」という展開を心がけることです。**"for example" と書きさえすれば具体的になるわけではありません**から注意してください。

この具体化の意識があると，ライティングだけでなく，英検などのスピーキングでも役立ちます。「どう話を続けたらいいか分からない」，「ひと言話すと話が終わってしまう」というような悩みを抱えている人は，**【対象範囲を絞っていく】意識**で，ライティングにもスピーキングにも取り組んでみましょう。

では，せっかくですから，スピーキングの形式でこの**「対象範囲を絞る意識で展開する」**感覚を味わってみてください。

No. 1の音声を聞いて，問いに答えましょう。　🔽 DL音声No.1 🎧

（問い例）

Do you think it is good for high school students to do volunteer work? Why or why not?

（解答例）　🔽 DL音声No.2 🎧

Yes. As a volunteer, high school students can learn many things which they can't learn in the classrooms. For example, they may be able to find their future jobs through the experiences. In my case, because I worked at the hospital as a volunteer, I am now interested in becoming a doctor in the future.

（ネイティヴスピーカーによる読み上げ音声がDL用音声に収録されています）

第
1
問

動
物

21

次の英文を読み，あとの問いに答えよ。

Recently, researchers from the Union of Concerned Scientists in the U.S. released a report on how consumer behavior affects the environment. Their study showed that meat consumption is one of the main ways that humans can damage the environment, second only to
5 the use of motor vehicles.

So, how can a simple thing like eating meat have a negative effect on the environment? The most important impact of meat production is through the use of water and land. Two thousand five hundred gallons of water are needed to produce one pound of beef, whereas only
10 twenty gallons of water are needed to produce one pound of wheat.

By producing crops instead of animals, we can make more efficient use of the land and water. One acre of farmland that is used for raising livestock can produce 250 pounds of beef. One acre of farmland used for crops can produce 40,000 pounds of potatoes, 30,000 pounds
15 of carrots, or 50,000 pounds of tomatoes.

Furthermore, farm animals add to the problem of global warming. All livestock animals such as cows, pigs, and sheep release methane* by expelling gas from their bodies. One cow can produce up to sixty liters of methane each day. Methane gas is the second most common
20 greenhouse gas after carbon dioxide. Many environmental experts now believe that methane is more responsible for global warming than carbon dioxide. It is estimated that twenty-five percent of all methane released into the atmosphere comes from farm animals.

People are becoming aware of the benefits of switching to a

vegetarian diet, not just for health reasons, but also because it plays a vital role in protecting the environment. Some people go further, and eat a vegan diet, which excludes all products from animal sources, such as cheese, eggs, and milk. However, some nutritionists believe that a vegan diet can be deficient in some of the vitamins and minerals that our bodies need daily.

Today, many people are concerned about improving their health, and about protecting the environment. Switching to a vegetarian diet — or just eating less meat — is a good way to do both of these things at the same time.

*methane「メタンガス」

問1　According to the first paragraph, (　　　　).

① Behavior other than eating meat or driving motor vehicles damages the environment most.

② Motor vehicle use is not seen as the major behavior that damages the environment.

③ The human consumption of meat is the second most damaging behavior on the environment.

④ The scientific study says that motor vehicles do less damage to the environment than eating meat.

問2　According to the second paragraph, (　　　　).

① Eating beef has a harmful effect on water usage but not on land usage.

② Far less water is used in the production of wheat than in the production of meat.

③ Producing meat requires much water, but the amount of water needed is unknown.

④ The amount of water used in producing beef does not have a negative effect on the environment.

問3　According to the third paragraph, (　　　　).

① Altogether 120,000 vegetables can be produced from one acre of land.

② Less land is needed to produce 40,000 pounds of potatoes than to produce 50,000 pounds of tomatoes.

③ More pounds of tomatoes can be produced than beef using the same sized area.

④ Raising livestock is just as efficient a way of using the land as producing crops.

問4　According to the fourth paragraph, (　　　　).

① Farm animals are responsible for nearly all of the methane released into the atmosphere.

② Many experts on global warming believe that methane has a greater effect than carbon dioxide on the environment.

③ The expelling of gases such as methane by cows has little or no effect on global warming.

④ The methane gas released by farm animals accounts for more than half of the methane released into the atmosphere.

問5　According to the fifth paragraph, (　　　　).

① A person on a vegan diet does not eat any product that comes from an animal.

② A person on a vegan diet does not eat meat, but drinks milk.

③ People are switching to a vegetarian diet mostly to protect the environment and not for health reasons.

④ Some nutritionists point out that people who only eat vegetables will get all the vitamins needed.

問6　According to the sixth paragraph, (　　　　).

① A vegetarian diet is for people who worry about the environment but not their own health.

② Not eating as much meat both protects the environment and improves people's health.

③ People who are concerned with their health will increase their meat consumption.

④ Switching to a vegetarian diet is the only way to protect our environment and health.

第1パラグラフ

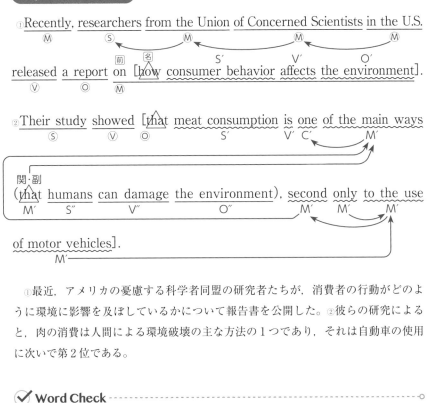

①最近，アメリカの憂慮する科学者同盟の研究者たちが，消費者の行動がどのように環境に影響を及ぼしているかについて報告書を公開した。②彼らの研究によると，肉の消費は人間による環境破壊の主な方法の1つであり，それは自動車の使用に次いで第2位である。

✓ Word Check

☐ release　動「公開する，公表する」　　☐ consumer　名「消費者」
☐ affect　動「影響する」　　　　　　　☐ environment　名「環境」
☐ second to ～　熟「～に次いで第2位の」
☐ motor vehicle　「自動車」

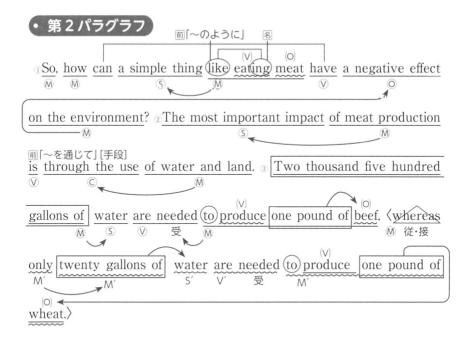

● 第2パラグラフ

①では，肉食のような単純なことが，どのように環境にマイナスの影響を及ぼすのだろうか。②食肉生産の最も大きな影響は，水と土地の使用を通じてのものである。③2,500 ガロンの水が1ポンドの牛肉を生産するのに必要とされるが，1ポンドの小麦を生産するには，わずか20 ガロンの水しか必要とされない。

✓ Word Check

- ☐ gallon 名「ガロン」
- ☐ whereas 接「…だが一方，…であるのに」
- ☐ pound 名「ポンド」
- ☐ wheat 名「小麦」

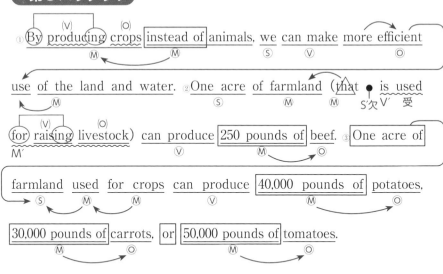

①動物の代わりに農作物を生産することにより，我々は土地と水をより効率的に使用することができる。②家畜を育てるために使われる1エーカーの農地は，250ポンドの牛肉を生産できる。③農作物に使われる1エーカーの農地は，4万ポンドのジャガイモ，3万ポンドのニンジン，あるいは5万ポンドのトマトを生産できる。

✓ **Word Check** ··

□ crop ［名］「農作物」 □ efficient ［形］「効率的な」
□ acre ［名］「エーカー」 □ farmland ［名］「農地」

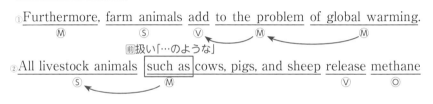

28

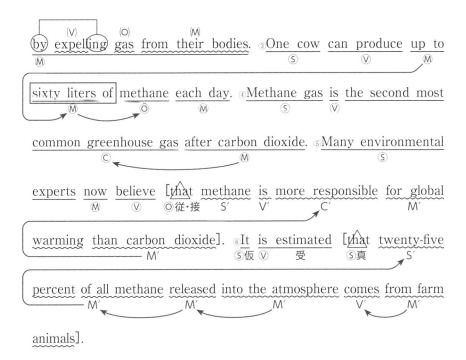

by expelling gas from their bodies. ③One cow can produce up to sixty liters of methane each day. ④Methane gas is the second most common greenhouse gas after carbon dioxide. ⑤Many environmental experts now believe [that methane is more responsible for global warming than carbon dioxide]. ⑥It is estimated [that twenty-five percent of all methane released into the atmosphere comes from farm animals].

①さらに，家畜は地球温暖化の問題を拡大する。②ウシ，ブタ，ヒツジのような全ての家畜は，体からガスを吐き出すことによりメタンガスを放出する。③1頭のウシは，毎日最大60リットルのメタンガスを生成できる。④メタンガスは，二酸化炭素に次いで最も一般的な温室効果ガスだ。⑤多くの環境専門家達が，今ではメタンガスが二酸化炭素以上に地球温暖化の原因となっていると信じている。⑥大気中に放出される全てのメタンガスの25%は，家畜に由来すると見積もられている。

✓ Word Check

- □ add to ～ 熟「～を拡大する，増やす」
- □ methane 名「メタンガス」
- □ up to 熟「最大で」
- □ greenhouse gas 「温室効果ガス」
- □ *be* responsible for ～ 熟「～の原因である」
- □ estimate 動「見積もる」
- □ livestock 名「家畜」
- □ expel 動「吐き出す」
- □ common 形「一般的な」
- □ carbon dioxide 「二酸化炭素」

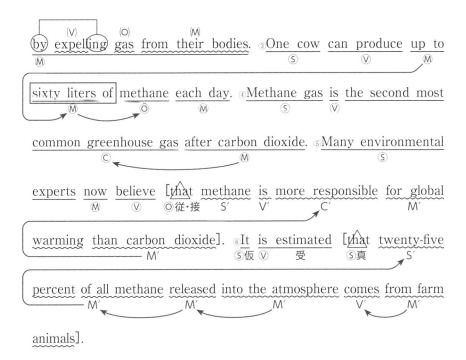

第2問・食料問題

① People are becoming aware of the benefits of switching to a vegetarian diet, not just (=not only) for health reasons, but also ⟨because it plays a vital role in protecting the environment⟩. ② Some people go further, and eat a vegan diet, (which ● excludes all products from animal sources, such as cheese, eggs, and milk). ③ However, some nutritionists believe 【that a vegan diet can be deficient in some of the vitamins and minerals (that our bodies need ● daily.)】

① 人々が菜食に切り替えることのメリットを意識するようになっているのは、単に健康上の理由だけではなく、菜食が、環境保護において極めて重要な役割を果たすからである。② さらに進んで、チーズ、卵、牛乳といった動物源からの全ての食品を除外する完全菜食主義の食事をする人もいる。③ しかしながら、完全菜食主義の食事は、我々の体が毎日必要とするビタミンやミネラルの一部を欠くことになり得ると考える栄養学者達もいる。

✓ **Word Check**

- □ benefit 名「メリット，利益」
- □ vital 形「極めて重要な」
- □ vegan 形「完全菜食主義の」
- □ source 名「源」
- □ deficient 形「欠けている，不足している」
- □ vitamin 名「ビタミン」
- □ daily 副「毎日」
- □ vegetarian diet 「菜食」
- □ further 副「さらに，それ以上に」
- □ exclude 動「除外する」
- □ nutritionist 名「栄養学者」
- □ mineral 名「ミネラル」

30

• 第6パラグラフ

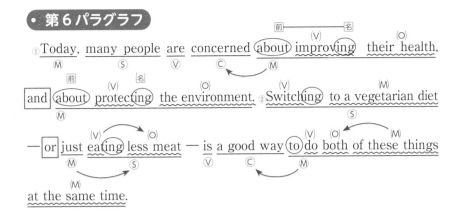

① 今日では，多くの人々が自身の健康の増進と環境の保護に関心を持っている。② 菜食にきりかえること——または，ただ肉食を減らすこと——が，これらのことを両方同時に行うよい方法である。

✔ **Word Check** - ○
　□ improve　動「向上させる，増進する」
　□ switch　動「切り替える」

○と×の根拠づけをしよう

問1　第1パラグラフによると（　　　　　）。

思考プロセス

　本文を読む前に，簡単に選択肢の単語を20秒ほど確認してもいいでしょう。4択から読み取れる情報は，「**肉の消費と自動車が環境に与える害は，どちらのほうがより大きいのか？⇒比較級・順位・割合を示すワードに注目！**」ということ。

　さらに，この問1は，「**人間にとって環境（問題）とは何か？**」のような抽象的なことを問うているのではなく，「**肉の消費**」と「**自動車**」と

いうかなり具体的なテーマについて問うている，ということにも注目しましょう。

　以上より，第1パラグラフの第1文は，抽象的過ぎて解答根拠としては使えず（だから読む速度をかなり上げる or 守屋先生は反対するかもしれませんが《笑》，極端なことを言うと……全く読まない，という戦略もあるかもしれません），第2文目が解答根拠となります（第1文を全く読まない，という極端な戦略を取るかどうかはさておき，第1文はなるべく軽く読みながし，パワーを温存しておいて，解答根拠になる第2文でそのパワーを投入する）。

　第2文は，多少速度を落としてもよいのでじっくり読みこみます。ただ，「じっくり読む」と言っても，"英文鑑賞（趣味の読書）"みたいに，ボ〜ッとダラダラ訳すのではなく，明確な目的意識をもって，情報に飢えながら，積極的に・攻撃的に，読み進めること‼解答のヒントである，**比較級・順位・割合を示すフレーズ**を第2文で探し出すことに集中しましょう。

① 「肉を食べることや自動車を運転すること以外の行為が最も環境に被害をもたらしている」
▶ 選択肢の「〜以外」のフレーズが本文と合わないので×。「除外・例外」に注意！ 　　　　　　　　　　　公式 1 ◀肯定否定，反対語によるウソ

② 「自動車の使用は，環境を破壊する主要な行動とはみなされていない」
▶ 第2文より，自動車が環境破壊の要因の第1位です。選択肢は「肯定否定のウソ」で×。 　　　　　　　　公式 1 ◀肯定否定，反対語によるウソ

③ 「**人間の肉の消費は，環境に対して2番目に大きな害を与える行為である**」

▶環境破壊の要因は，自動車が第1位，肉が第2位です。第2文に合致するのでこれが正解です。second（only）to ...「…に次いで2位」の表現に注意しましょう。

④「科学的研究から，自動車は，肉を食べることと比べ環境に対して与える害は小さいということがわかる」

▶「自動車のほうが，肉よりも大きい」という順位の情報が正確に読み取れましたか？ **順位を示すフレーズ**に注意しましょう！ 無目的に本文をダラダラ読んで，③と④の選択肢でパニックになり，時間が経過してしまった人も案外多かったのではないでしょうか。

公式 7 比較のウソ

問2　第2パラグラフによると，（　　　　　　）。

思考プロセス

「肉」「水の使用」「小麦」といった語に注目。①③④の選択肢には否定語が含まれるので，「**肯定・否定**」が〇×判定のカギになるのではないか？ **と予測を立てる**ことが大事です。また，②は比較表現です。比較は本当に内容一致で狙われやすいポイントなのです。

①「牛肉を食べることは，水の使用に悪影響を及ぼすが，土地の使用には悪影響を及ぼさない」

▶第2パラグラフ第2文より，「食肉生産の最も大きな影響は水と土地の使用を通じてのものだ」とあるので，水と土地の両方に影響があるということで，「肯定否定のウソ」で×。not A but B = B but not A「AでなくてB」に注意！ 原則，not は右側にかかり，また not が but を飛び越えてかかることはできない，という点に注意！

公式 1 肯定否定，反対語によるウソ

② 「はるかに少ない量の水が，肉の生産においてよりも，小麦の生産に
おいて，用いられている」

▶第2パラグラフ第3文「1ポンド当たりの生産で必要な水は，食肉に
ついては 2,500 ガロン，一方で，小麦については，わずか 20 ガロン
に過ぎない」という内容と合致します。これが正解です。〈only＋数字〉
「…に過ぎない」(only は「数が少ないことを強調」するためのフレー
ズ)は注意すべき表現です。

③ 「肉を生産するのは多くの水を必要とする。しかし，必要とされる水
の量はわかっていない」

▶第2パラグラフ第3文には，具体的な数字が示されているので，選択
肢の「わからない」の部分が本文と矛盾。肯定否定のウソで×。

公式 1 肯定否定，反対語によるウソ

④ 「牛肉を生産する際に使われる水の量は環境に否定的な影響を及ぼさ
ない」

▶第2パラグラフの第1文に「どのようにして肉食が環境にマイナスの
影響を及ぼすのだろうか」とあるのに，選択肢では「影響を及ぼさな
い」と断言しているので矛盾しています。肯定否定のウソで×。

公式 1 肯定否定，反対語によるウソ

問3　第3パラグラフによると，(　　　　　　)。

思考プロセス

　選択肢の中では，④が最も抽象的です。他の選択肢は，具体的な数字
や単位が出てくるので，具体的な内容ですね。本文第3パラグラフは，
第1文は最も抽象的な文になっており，「同じ土地の広さを利用するな
ら，動物よりも，農作物を育てるほうが効率が良い」というテーマが冒

頭で提示され，これが③の解答根拠になります。

　本文では，その後の第3パラグラフ第2文以降で，この抽象テーマを，数字を示して具体化していくナガレになっているのです。

① 「合計で12万の数の野菜が1エーカーの土地から作ることができる」

▶ **「12万」**という数字に注目！　これは第3パラグラフの第3文の「1エーカーの農地は，4万ポンドのジャガイモ，3万ポンドのニンジン，あるいは，5万ポンドのトマトを生産」とあり，ここに出てくる数字を足し算(4万 + 3万 + 5万 = 12万)しているようです。本文は，12万ポンドといっていますが，選択肢は"ポンド"という重さの単位が全くないので，12万の数の野菜ということになります。語句のすり替えで×。

<u>公式 9</u> ◀ 本文のフレーズをいくつか組み合わせたウソ

② 「5万ポンドのトマトを生産するよりも，4万ポンドのジャガイモを生産するために必要とされる土地の広さのほうが少ない」

▶ 先ほどの①の選択肢と同じ部分を再利用できます。第3パラグラフの第3文の「1エーカーの農地は，4万ポンドのジャガイモ，3万ポンドのニンジン，あるいは，5万ポンドのトマトを生産」とあるので，「5万ポンドのトマトと4万ポンドのジャガイモは，共に1エーカーの農地を必要とする」ということになるので，選択肢は「比較のウソ」で×。

<u>公式 7</u> ◀ 比較のウソ

③ **「同じ面積を使って，牛肉よりも多くの量のトマトが生産される」**

▶ 第3パラグラフの第2文と第3文に合致。「1エーカーの農地で，牛肉は250ポンド，トマトは5万ポンド生産できる」とあります。さらにこの選択肢は，第1文の抽象的なテーマを，具体化した選択肢になっている。「同じ土地の広さを使うならトマトのほうが，肉より生産量

が多い」つまり「肉よりも植物の方が生産効率において良い」ということになりますね。これが正解です。

④「家畜を育てることは，農作物を生産することとちょうど同じくらい効率的な方法である」
▶第3パラグラフ第1文には，「動物の代わりに，農作物を生産することによって，土地をもっと効率的に使うことができる」つまり「土地使用の効率性において，農作物の方が上，動物(家畜)の方が下」という意味なので，選択肢は「家畜と農作物は，効率性においてちょうど同じ」と言っているため×。　　　　公式7 ◀比較のウソ

問4　第4パラグラフによると(　　　　　)。
思考プロセス
　選択肢中に最も多く出てくるのが「メタンガス」であり，さらに，メタンガスの割合など，数値情報を狙った選択肢が多いことがわかります。本文第4パラグラフは，特に**メタンガスにまつわる具体的な数値情報**に注目しながら読み進めましょう。

①「農場の動物は，大気中へと放出されるメタンガスのほとんど全てを引き起こしている」
▶最終文より「メタンガスの25%は家畜に由来」とあるので，本文の「25%」では，選択肢のように「ほとんど全て」という言い方は不適切。
　　　　公式3 ◀数値情報のウソ

②「**地球温暖化についての多くの専門家は，メタンガスが，二酸化炭素よりも，環境に対して大きな影響があると信じている**」
▶第4パラグラフ第5文より「環境専門家は，メタンガスは二酸化炭素

以上に地球温暖化の原因になっていると信じている」とあり，合致し
ているのでこれが正解。

③「牛によってメタンガスのような気体が放出されることは，ほとんど，
　あるいは，全く地球温暖化に影響はない」
▶第4パラグラフ第5文より，メタンガスが，地球温暖化の原因になっ
　ていると考えられていることがわかる。選択肢の「全く影響がない」
　は×。
　　　　　　　　　　　　　公式2◀極端な言い回しによるウソ

④「農場の動物によって放出されるメタンガスは，大気中に放出される
　量の半分を超える割合を占めている」
▶最終文の内容より，【極端な言い回しによるウソ】で×。
　　　　　　　　　　　　　公式2◀極端な言い回しによるウソ

問5　第5パラグラフによると（　　　　　　）。
思考プロセス
　「菜食主義」とは何か，というテーマについて語られるのがこの第5
パラグラフです。①と②の選択肢はほぼ同じ解答根拠から考えられそう
だ，と本文の読解に入る前に，選択肢を事前にチェックした段階で予測
したいところですね。
　③は，「環境保護」と「自分の健康の増進」という2つのテーマにつ
いての肯定否定に注目することが大事。選択肢に否定語が含まれている
のでここに注目しましょう。
　④については，「栄養についての専門家」が登場するところを，本文
からピンポイントで探し出せれば，短時間で○×判定に入れるはずです。
こういった，選択肢の事前チェックで「どういったことを意識しながら，
どういった方法が適切かという意識に飢えながら本文を読んでいくか」

の指針がたつようになると，無駄な情報，選択肢の○×判定に無関係な，点につながらない情報（ノイズ）に右往左往せずに，効率よく本文を読み進めることができるようになるでしょう。

① 「**完全菜食に基づく人は，動物から作られるものは，どんなものでも食べない**」
▶ 第5パラグラフ第2文の内容に合致するので正解です。

② 「完全菜食に基づく人は，肉は食べないが牛乳は飲む」
▶ 第5パラグラフ第2文の内容より，「牛乳を飲む」の部分が「肯定否定のウソ」で×。　公式1 ◀肯定否定，反対語によるウソ

③ 「人々が菜食主義にきりかえているが，たいていは環境を守るためで，自分の健康が理由ではない」
▶ 第5パラグラフ第1文の内容より「自分の健康が理由ではない」の部分が，「肯定否定のウソ」により×。　公式1 ◀肯定否定，反対語によるウソ

④ 「栄養士の中には，野菜しか食べない人は，必要とされる全てのビタミンを摂取していると指摘している人もいる」
▶ 第5パラグラフの最終文より，選択肢の「全てのビタミンを摂取している」が極端な表現によるウソで×。　公式2 ◀極端な言い回しによるウソ

問6　第6パラグラフによると（　　　　　）。
思考プロセス
　「菜食とは，健康の増進と環境保護の2つについて両方を行う良い方法」がこのパラグラフのテーマ。片一方ではなく，両方を行う，という点に注意。

① 「菜食主義者の食事は，環境に関して心配しており，自分自身の健康
  に関しては心配していない人のための食事である」

▶ 「自分自身の健康に関しては心配しない」が「肯定・否定のウソ」で×。

公式 1 ◀ 肯定否定，反対語によるウソ

② **「あまり多くの肉を食べないということは環境を守り，人々の健康も
  向上させている」**

▶ 第6パラグラフ第1，2文に合致するので正解です。

③ 「自分自身の健康について懸念している人は肉の消費量を増やすだろ
  う」

▶ 「肉の消費量を減らす」が正しい。　公式 1 ◀ 肯定否定，反対語によるウソ

④ 「菜食主義者の食事へ変えることは，我々の環境と健康を守るための
  唯一の方法だ」

▶ 「唯一の」に注目。強い限定語句による×。

公式 2 ◀ 極端な言い回しによるウソ

正解　問1　③　　　問2　②　　　問3　③　　　問4　②　　　問5　①
　　　問6　②

〈前置詞＋名詞〉がCになるとき

■〈前置詞＋名詞〉＝ C になる

第2パラグラフ第2文の through ～は，「～を使って」という〈前置詞＋名詞〉のカタマリ（句）です。この英文では，この前置詞句が be 動詞の後で C になっています。

〈前置詞＋名詞〉は，M になるのが原則です。ただし，SVC 文型を導く be 動詞の後では，〈前置詞＋名詞〉が C になることがあります。

$$\underset{S}{\text{Music}}\ \underset{V}{\text{is}}\ \underset{C}{\underline{\textbf{of great importance}}}\ \underset{M}{\text{in my life}}.$$

「音楽は 私の人生において とても重要だ」

■ It is 過去分詞(...) that 完全な文～

このとき，

❶過去分詞(...)の位置にくる単語は，ほぼ「考えられている・言われている」のどちらかの意味になる。

❷キッチリ分析すると，このパターンは，形式主語構文になっており，it は, that のカタマリを指しています（ちなみに，このときの that は，後に完全な文が続く従属接続詞です）。

　この構造パターンに関して，「形式主語構文か？ または強調構文か？」，「このときの that の用法と同じものを選べ」といったようなカタチで，長文読解問題の中に紛れ込んでいることがあります。この〈It is 過去分詞(...) that 完全な文～〉のとき，強調構文になる可能性はありません。文法問題でも自信をもって答えられるように準備をしておき

ましょう。

　この頻出の構造パターンは，今後色々な入試問題で遭遇することでしょう。はじめのうち(基礎力養成時期)は，上記のようなキッチリとした文法に基づいた分析をし，理解・納得をしたうえで学習を進めていくことで，基礎となる文法力のアップにもつながります。

　しかし，多くの英文に触れ，経験を多く積んでいくにつれて，このパターンに慣れてきたら，It is 過去分詞 that まででワンフレーズの M のように理解すると，内容一致問題を実際に解く試験会場(実践期)では，スピーディーに意味をとらえることができます。「今考えられている(言われている)のは 〜だ」のように，英語の順番通りに読むのです。

【キッチリとした分析(基礎力養成時期)】

　　It is believed [that some creatures became extinct
　　仮S　 V受　 真S　　　 S′　　　 V′　　 C′

　　because of the sharp rise in air temperature].
　　　　　M′　　　　　　　 M′

　「[気温の急激な上昇のために一部の生物が絶滅したということ]が
　　信じられている」

【ワンフレーズの M でとらえる(実践期)】

　　It is believed that some creatures became extinct
　　　まとめてM　　　　 S　　　 V　　 C

　　because of the sharp rise in air temperature.
　　　　　M　　　　　　 M

　「今，信じられているのは 気温の急激な上昇のために一部の生物
　　が絶滅したことだ」

★この構造パターンも，やはり，英語の根本の法則性が影響しています。【漠然・大まか・ぼんやり】と言っておいて，その後で【詳しく・ハッキリ・具体化】していくという英語の情報のナガレに注目しましょう。

　まずは「今，考えられている（言われている）ことがあってね…」とぼんやりと話をスタートし，その後で，その考えられていることの内容をハッキリ語っていくのです。そういった英語の情報のナガレは，日本人が普段やっている思考法と異なるので最初は違和感があるかもしれません。しかし，多くの英文を読み演習を通して慣れていくことで，自然にこのようなとらえ方ができるようになるのです。これが英語発想・英語脳の第一歩となるのです。

WRITING PICK UP ②
【分析・定義】と【列挙・追加】

　今回の英文は食糧生産の環境への影響に関する内容でしたね。文中では食肉生産が様々なかたちで環境破壊につながっていることが示されていました。その展開の最初に「最も大きな影響は，水と土地の利用を通じてのもの」という部分がありましたね。

　せっかく最上級が出てきたので，今日のライティングテーマも最上級が入ったものにしようと思います。また，このテーマは，前回学習した【抽象と具体】の復習にもなっています。もしまだ抽象と具体の理解が不十分だと感じる場合は，前講に戻って確認してくださいね。

Answer the following question in about 100 words in English.

　What do you think are the two most important qualities of a friend and why?

　「友人に求められる最も重要な2つの条件（特性・性質）」について答える問題です。今回のような「○○に求められるもの」，「○○とは」，また「○○と△△の違い」のように，あるものを【分析・定義することを要求する問題】はかなり難しいものです。

　なぜなら，こうした問題では，**対象となっているものの特徴や他との共通点や差異などを検討することが求められる**からです。たとえば今回の問題であれば，皆さんの友人の「小林さん」や「山田さん」や「佐藤さん」や「鈴木さん」という【具体】的な存在を「優しい友人」や「気の合う友人」のように【抽象】化し，その中で自分が最も重要だと思う「友人という存在が有するべき要素」を2つ選び出すような作業が必要となります。こうした場面でも【抽象と具体】は重要になってくるわけですね

　何をするべきかのイメージが湧いたでしょうか。では，答案作成頑張ってください。

● **Model Answer ①** 「好きなものが同じ相手であること／見返りがなく
とも助けたくなる相手であること」――――――――――――――●

　モデルアンサー①を見ていきましょう。友人の2つの条件として，「好きな
ものが同じ相手であること」と「見返りがなくとも助けたくなる相手であるこ
と」を挙げています。

　なぜそれが最も重要な条件と言えるのかを述べるためには，「**友人とは…**」
や「**友情とは…**」**という定義**が必要になってきます。そうした点をどのように
書いているか注目してみてください。

　なお，モデルアンサーは，**①書き写す**，**②音読**，**③訳を見て英文を書く**，な
どを通して覚えてしまいましょうね。暗記が不要な言語学習はありませんよ。

　A friend is someone who likes the same things as you do. A friend
should be someone you enjoy spending time with, and if you like the
same things, you are much more likely to have a good time together.
For example, if you like the same music, you can go to live concerts
together. Also, a friend is someone you want to help even if you don't
get anything in return. If you ask a friend for money after lending them
a hand, you aren't really friends. That is more like the relationship
between a store and a customer. A true friendship should be one that
asks for nothing. (110)

<訳>

　友人とは自分と同じものが好きな人です。友達とは，一緒にいて楽しい人で
あるべきであり，好きなものが同じであれば，一緒にいて楽しい時間を過ごせ
る可能性が高くなります。例えば，同じ音楽が好きなら，一緒にライブに行く
ことができます。また，友人というのは，見返りがなくても助けてあげたいと
思える人でもあります。手を貸してお金を要求するのであれば，友人とは言え
ません。それはどちらかというと店と客との関係だと言えるでしょう。真の友
情とは，何も求めないものであるべきなのです。

　では，論理構造を追ってみましょう。まず1つ目の条件として「好きなもの
が同じ相手であること」を挙げ，その理由として「友人とは一緒に楽しい時間
を過ごせる人」であると定義し，好きなものが同じであれば，そうした楽しい

時間を過ごしやすいと述べています。その上で，同じ音楽が好きな人ならば一緒にライブに行けると具体化しています。

　次に2つ目の条件として，「見返りがなくとも助けたくなる相手であること」を挙げています。その主張に説得力を持たせるための展開として，無償でなければ友人以外の関係性になってしまうとして，金銭のやり取りがある場合には店と客の関係になってしまうことを具体例として挙げ，最後に，本当の友情とは何も求めないものであるべきだ，とまとめています。抽象と具体をうまく使いながら展開できていますね。

● 【列挙・追加】の表現をちゃんと使う ─────────────●

　今回のテーマが「2つ」挙げることを求めるものでしたので，ポイントでも【列挙・追加】の表現を扱ってみたいと思います。

【列挙】

「**第一に…。第二に…**」

　・First .... Second ....

　・Firstly .... Secondly ....

　→ 非常によく使う【列挙】の表現です。なお，100語程度の自由英作文では理由の詰め込みすぎになってしまう可能性がありおススメはしませんが，「第三に…」というのであれば "Third（Thirdly）..." が，「最後に…」としては "Lastly（Finally），..." が使えます。

　　　また，100語程度の自由英作文では，通常は「理由は2つあります」というような「理由の個数のみを伝える文」は必要ないことも知っておいてほしいと思います。

「ひとつの理由は…である。もうひとつの理由は…である」

　・One reason is that .... Another reason is that ....

　→ 理由を述べていく際に使うことのできる表現です。想定される理由がたくさんあり，そのうちの2つを述べているようなケースでは今回挙げている "One reason .... Another reason ..." というかたちでAnotherを用いますが，2分の2であるような場合には，「全部で理由は2つある（2つしかない，というくらいのニュアンス）」という内容をあえて述べた上で，

"One reason .... The other reason ..." というように書くこともできます。

　この他，oneとanotherを使った列挙の表現として，"For one thing, ... For another, 〜." が「ひとつには…。もうひとつには〜」を意味することも覚えておくとよいと思います。

【追加】
「その上／さらに／加えて」

- ・in addition
- ・also
- ・besides
- ・moreover
- ・furthermore
- →【追加】は「それまでに述べた内容にさらに情報を足す」目的を持って使うものです。学習者はalsoを連発しがちになりますが，in additionやmoreoverなどが使えるとグッと表現レベルが上がります。

　どうだったでしょうか。学習者の多くがこういった「つなぎの表現」のレベルアップを怠りがちです。ただ，こうした論理展開を示す表現がしっかりと使えていることは，読み手に自分の主張を伝えるのに大きな力を発揮するのです。

　Useful Expressionsで，今回紹介した表現を実際に使った例文を挙げておきますから，しっかりと自分のものにしてくださいね。

　今回のような問題は，2020年に「友人と知り合いの違いを説明せよ」や「良い教師と悪い教師の違いを説明せよ」といった問い方で一橋大学でも出題されています。また2018年の宮城大学では，今回扱った問題と同趣旨の問題が出されています。

Useful Expressions

☐ **First (Firstly) .... Second (Secondly) ....「第一に…。第二に…」**

→ 外国語を学ぶことには2つの重要な理由があります。第一に，外国語を学ぶことは私たちにその言語が使われている国の文化を学ぶ機会を与えてくれます。第二に，外国語学習を通じて私たちは母国語をより客観的に見ることができるようになります。

There are two important reasons to learn a foreign language. First, learning a foreign language gives us the opportunity to learn about the culture of the country where the language is spoken. Second, through learning a foreign language, we are able to look at our native language more objectively.

☐ **moreover「そのうえ」**

→ 他の国に住む経験は視野を広げます。そのうえ，少なくとも1つ外国語が話せることは将来有益です。

The experience of living in another country will broaden your horizons. Moreover, being able to speak at least one foreign language will be beneficial in the future.

☐ **in addition「さらに」**

→ プラスチックごみは燃やすと有毒ガスを発生させます。さらに，プラスチックごみは土壌汚染も招きます。

When burned, plastic waste emits toxic gases. In addition, it also causes soil pollution.

First of all, a friend needs to be someone you can share your secrets with, because that means you truly trust the person. Without such trust, you can't call someone a friend. With a true friend, you can talk about things you can't even tell your family, such as who you love. Secondly, a friend should be someone who is there for you not only when you are doing well, but also when you are going through hard times. A person who stays with you when things are going well but leaves you the moment things go wrong, is not a true friend. (103)

＜訳＞

　まず第一に，友人とは，自分の秘密を打ち明けられる相手でなければなりません。秘密を打ち明けられるのは，その人を心から信頼しているということだからです。その信頼関係がなければ，友達とは呼べません。真の友人には，誰が好きかなど，家族にも言えないようなことを話すことができます。次に，友人とは，自分がうまくいっているときだけでなく，つらいときにも一緒にいてくれる人でなければなりません。物事がうまくいっているときは一緒にいてくれても，物事がうまくいかなくなった瞬間に離れてしまうような人は，真の友人とは言えません。

第3問

次の文を読み，下記の問題に答えなさい。

Long ago Saint Francis Xavier said, "Give me the children until they are seven and anyone may have them afterwards." Almost 40 years ago, British film-maker Michael Apted found this idea so interesting that he made a series of documentary movies recording English school children first at the age of 7, and then later at the ages 5 of 14, 21, 28 and 35, in an attempt to discover if their fundamental characters had, in fact, been formed by second grade.

Now neuro-biologists have proven that these two men guessed right. New scientific research reveals that children's cognitive abilities actually begin to develop before the baby is born. Through an almost 10 miraculous process, the brain starts to form in the early weeks of pregnancy and develops at **breakneck** speed until age 3. During this period, the child's brain grows and expands like the roots of a tree, responding to ideas, emotions, challenges, activity, and education in very much the same way a tree responds to sunlight, air and water. 15

"The brain is not a computer to be programmed, nor a disk to be filled. It is a growing ecosystem to be nourished," says Lynn Arthur, a professor at Stanford University. The quality and amount of stimulus children receive in their first three years greatly affect how their minds develop. These early years determine how they learn, behave, 20 think and react emotionally. The child's brain growth continues until about age 10. At that point, scientists say, the brain begins to cut away those branches of cognitive activity that have not been used.

This means the first three years of a child's life are very important.

Scientists have found conclusive evidence that, if children are deprived of rich learning experiences during their first three years, the damage to their brains cannot be repaired. On the other hand, if children receive quality education at a very early age, then they can overcome developmental damage caused by abuse, neglect or poverty.

This research comes at a time when too many of America's children are in danger. The new brain research makes a convincing case for the importance of education, especially in early childhood. Education can make the difference in the lives of millions of American children. We need to support improvement in the education system. Children do not have a union. If we do not campaign for them, no one will.

問1　Why does the author compare a child's brain to a tree?
① Because the brain develops like the roots of a tree do.
② Because the child is reluctant to respond to what adults around him or her think and feel.
③ Because a tree never fails to respond to sunlight, air and water.
④ Because the child needs an early education.

問2　Which one of the following is closest in meaning to the word *breakneck* in paragraph 2?
① dangerous
② causing injury
③ very fast
④ deliberate

問3　What did the author mention in paragraph 1?

50

① Almost 40 years ago, a British said, "Give me the children until they are seven and anyone may have them afterwards."

② Saint Francis Xavier had many children and left his children aged 8 and over in anyone's care.

③ Michael Apted took a video of English school children so as to observe the process of formation of their character during early childhood.

④ An English film producer was interested in making a film of as many second graders as possible.

問4　What conclusion does this article come to?

① American children are suffering from abuse, neglect and poverty.

② Modern science has proved what was previously only guessed.

③ Children's cognitive development is nearly complete at birth.

④ We need to improve the education system, especially for young children.

問5　What does the author mean when he says "children do not have a union"?

① Adults are responsible for forming children's unions.

② Children are helpless and depend on adults to make decisions for them.

③ Children need to unite more.

④ Young children are naturally cooperative.

第1パラグラフ

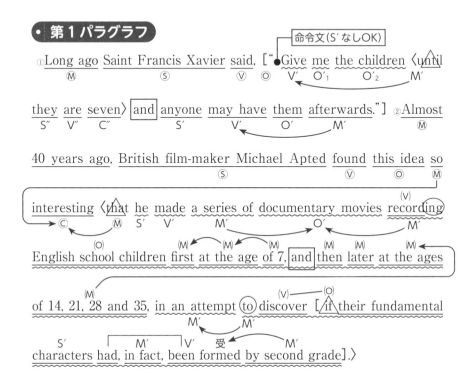

①昔，聖フランシスコ・ザビエルは，「7歳まで子どもを私に預けなさい，その後は誰にでも育てられる」と言った。②40年ほど前，イギリスの映画製作者であるマイケル・アプテドは，この考え方がとてもおもしろいと思い，子どもの基本的な性格が実際に小学2年生までに形成されるかどうか調べようと企て，イギリスの学童を，7歳のときにはじめて，そしてその後は14歳，21歳，28歳，35歳のときに記録する一連のドキュメンタリー映画を製作した。

✓ **Word Check** -
☐ until 前「〜まで」　　　　　　　☐ afterwards（= afterward）副「その後」
☐ so ... that 〜 熟「とても…なので〜だ」　　☐ a series of 〜 熟「一連の〜」
☐ documentary movie 「ドキュメンタリー映画」

- □ record 動「記録する」
- □ attempt 名「企て，試み」
- □ fundamental 形「基本的な」
- □ form 動「形成する」
- □ later 副「その後」
- □ discover 動「知る，発見する」
- □ character 名「性格」

● 第2パラグラフ

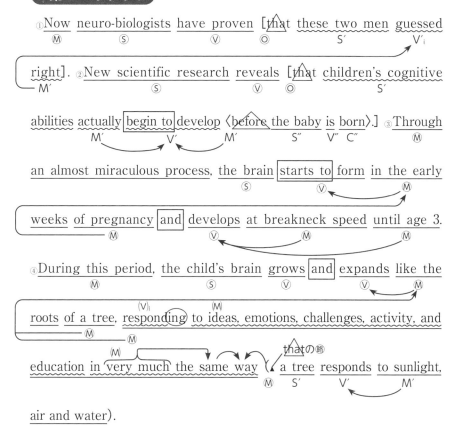

①今では，神経生物学者達が，この2人の推測は正しかったことを証明している。
②新しい科学的研究により，子どもの認識能力は，実際には生まれる前から成長を
始めることが明らかにされている。③奇跡も同然の手順で，脳は妊娠期間の最初の

数週間で発生し，3歳まで猛烈な速さで成長する。④この期間中，子どもの脳は，木が日光や空気や水に反応するのとほぼ同じように，いろいろな考え，感情，挑戦，活動，教育に反応しながら，木の根のように成長し，広がる。

✅ Word Check

- ☐ neuro-biologist 名「神経生物学者」
- ☐ guess 動「推測する」
- ☐ scientific research「科学的研究」
- ☐ cognitive 形「認識の，認知に関する」
- ☐ almost 副「ほぼ，〜も同然」
- ☐ process 名「手順」
- ☐ expand 動「広がる」
- ☐ respond to 〜 熟「〜に反応する」
- ☐ challenge 名「挑戦」
- ☐ sunlight 名「日光」
- ☐ very much the same 熟「ほぼ同じ」
- ☐ in the same way 熟「…と同じやり方で，同じように」
- ☐ prove 動「証明する」
- ☐ right 形「正しい」
- ☐ reveal 動「明らかにする」
- ☐ actually 副「実際は」
- ☐ miraculous 形「奇跡的な」
- ☐ pregnancy 名「妊娠」
- ☐ root 名「根」
- ☐ emotion 名「感情」
- ☐ activity 名「活動」

● 第3パラグラフ

①["The brain is not a computer (to) be programmed, nor a disk (to) be filled. It is a growing ecosystem (to) be nourished,"] says Lynn Arthur, a professor at Stanford University. ②The quality and amount of stimulus children receive ● in their first three years) greatly affect [how their minds develop]. ③These early years determine [how they

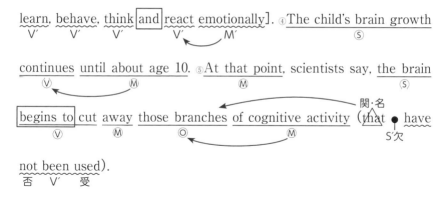

learn, behave, think and react emotionally]. ④The child's brain growth continues until about age 10. ⑤At that point, scientists say, the brain begins to cut away those branches of cognitive activity (that have not been used).

①「脳はプログラムが入力されるコンピューターでもなければ，いっぱいにつめ込むことができるディスクでもない。脳は，育てることのできる，成長する生態系なのだ」と，スタンフォード大学教授のリン・アーサーは言う。②最初の3年間に子どもが受けとる刺激の質と量が，知能の成長の仕方に大きく影響する。③この幼年期が，子どもがいかに学び，行動し，考え，そして感情的に反応するかを決定する。④子どもの脳の成長は，10歳ごろまで続く。⑤科学者の話では，その時点で，脳は認識行動の中でそれまでに使われていない部分を切り落とし始める。

✓ Word Check

- □ program 動「プログラムする」
- □ ecosystem 名「生態系」
- □ professor 名「教授」
- □ amount 名「量」
- □ receive 動「受け取る」
- □ determine 動「決定する」
- □ branch 名「枝，部分」
- □ fill 動「満たす」
- □ nourish 動「栄養を与える」
- □ quality 名「質」
- □ stimulus 名「刺激」
- □ affect 動「影響する」
- □ behave 動「行動する」

● 第4パラグラフ

①This means [▲ the first three years of a child's life are very important]. ②Scientists have found conclusive evidence [that, if

children are deprived of rich learning experiences during their first
　S″　　V″　受　　　　　M″　　　　　　　　M″

three years⟩, the damage to their brains cannot be repaired.] ③On the
　　　　　　　S′　　　　　M′　　　　あ　V′　受　　Ⓜ

other hand, ⟨if children receive quality education at a very early age⟩,
　Ⓜ　　　　　　S′　　V′　　　O′　　　　　M′

then they can overcome developmental damage caused by abuse,
　Ⓜ　Ⓢ　　Ⓥ　　　　　　Ⓞ　　　　Ⓜ　Ⓜ　　Ⓜ

neglect or poverty.

①このことは，子どもの人生における最初の3年間がとても重要であることを意
味している。②子どもが生まれてから3年の間に，豊かな学習体験を奪われてしま
えば，脳に対して与えられた損失を償うことはできないという決定的な証拠を，科
学者達は見つけ出している。③他方，本当に幼いころに質の高い教育を受ければ，
虐待，育児放棄，貧困によって生じる発育上の損失を克服することができる。

✓ Word Check

- ☐ mean 動「意味する」
- ☐ experience 名「体験，経験」
- ☐ cause 動「生じる」
- ☐ neglect 名「放置，育児放棄」
- ☐ deprive A of B 熟「A から B を奪う」
- ☐ repair 動「償う，修復する」
- ☐ abuse 名「虐待」
- ☐ poverty 名「貧困」

● 第5パラグラフ

①This research comes at a time (when too many of America's
　Ⓢ　　　　　Ⓥ　　Ⓜ　　Ⓜ　　関・副　M′　S′　　　M′

children are in danger). ②The new brain research makes a convincing
　　　　　V′　　C′　　　　　　　Ⓢ　　　　　　Ⓥ　　　Ⓞ

case for the importance of education, especially in early childhood.
　　　　Ⓜ　　　　　Ⓜ　　　　　　Ⓜ　　　　　　Ⓜ

56

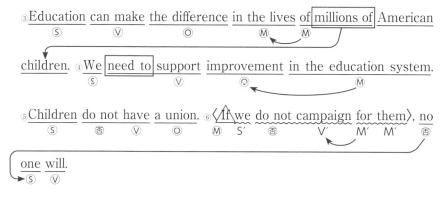

③Education can make the difference in the lives of millions of American children. ④We need to support improvement in the education system. ⑤Children do not have a union. ⑥⟨If we do not campaign for them⟩, no one will.

①この研究は，あまりに多くのアメリカの子どもたちが危険にさらされている時代に生まれた。②新しい脳の研究は，教育，特に幼年期の教育の大切さを支持する説得力のある論拠となる。③教育は，何百万人ものアメリカの子どもの人生において，非常に重要なものとなるのだ。④我々は教育制度の改善を支える必要がある。⑤子どもたちには労働組合がない。⑥我々が子どもたちの代わりに運動しなければ，運動するものは誰もいないのだ。

✓ Word Check

- □ case 名「証拠，論拠」
- □ improvement 名「改善」
- □ campaign 動「運動を起こす」
- □ especially 副「特に」
- □ union 名「労働組合」

○と×の根拠づけをしよう

問1　なぜ筆者は，子どもの脳を木にたとえているのか。

思考プロセス

　リード文の compare a child's brain to a tree「子どもの脳を木にたとえる」とあることから，これに似た言い回しを本文中に探すと，第2パラグラフ第4文に the child's brain grows and expands like the roots of a tree「子どもの脳が木の根っこのように成長し，拡大する」という

部分が見つかるはずです。like は前置詞で「…のように，…に似て」の意味で，たとえ話をするときに使われるフレーズなのです。この近辺が解答根拠ではないだろうか，と考えてみましょう。

① 「木の根が発達するように，脳が発達するから」

▶第2パラグラフ第4文の内容に一致しているので，これが正解です。

② 「子どもは，周囲の大人が考えていることや感じていることに反応したがらないから」

▶第2パラグラフ第4文にそっくりな表現 responding to ideas, emotions「考えや感情に反応しながら」がありますね。この後に challenges「取り組むべきやりがいのある難題・課題」，education「教育」といった表現が並んでいます。

　これらは，子ども自身の中から生じるものではなく，子どもの外界から生じるものです(周囲の大人が子どもに教育するのです。「幼い子どもが自分自身で自分を教育する」というのはヘン)。ですから，選択肢の respond to what adults around him or her think and feel「周囲の大人が考えていることに反応する」に関してはほぼ合致しています。しかし，選択肢の *be* reluctant to *do*「(反応)したがらない」という否定的(消極的)フレーズが，本文には見当たりません。この選択肢は，肯定否定のウソで×。　　公式 **1** ◀肯定否定，反対語によるウソ

③ 「木は日光や空気や水に必ず反応するから」

▶第2パラグラフ第4文，ラスト付近にそっくりな言い回しがあります。a tree responds to sunlight, air and water.「木は日光，空気，水に反応する」と言っていますね。選択肢の **never fail to *do***「必ず…する」という100%フレーズに注目です。

　本文では「必ず，絶対に，いつも，例外なく，全てが…する」といった言い方はされていません。**これから皆さんが進む大学での研究，さらには，社会人になってからのビジネスでの正式な文書においても，権威ある文献による裏付け・客観性の高い統計データや実験による証拠（エビデンス）も明確に示さずに「必ず…する」といった無責任な言い回しは，使わないようにしましょう。**「必ず，絶対に，いつも，例外なく，全てが…する」（100％フレーズ）については，リーディングでも，そして，ライティングにおいても「『必ず…する』と断言してしまって本当に大丈夫なのか？」と厳しくチェックするように！

　選択肢の never fail to *do* という 100％フレーズに関して，本文からの裏付け・明確な証拠が得られませんので，この選択肢は×です。

　また補足的な話をしますが，本文第1パラグラフや，第2パラグラフ第1〜3文の内容から**「子どもの成長・教育」がこの文章の中心テーマ（抽象）であり，「木の成長」は，中心テーマをわかりやすく説明するための引き立て役（たとえ話＝具体）に過ぎない**，ということを読み取ってください。

　リード文にも「子どもが，木にたとえられている」とありますね。「木が，子どもにたとえられている」と言っているわけではないので要注意！　子ども＝中心テーマ，木＝引き立て役，であることから，この問1に対しては「子どもが…という性質をもっているから（…だから子どもは木にたとえられている）」という子どもの性質を中心的に語っているような解答が求められているのです。「木が…という性質をもっているから」という，木を中心にした答え方に違和感が持てるとよいでしょう。　**公式 2 ◀ 極端な言い回しによるウソ**

④「子どもが早期教育を必要とするから」

▶ need「…を必要とする」の「必要・義務」フレーズが本文にありま

せんので×です。education について語っているのは，第2パラグラフ第4文です。どこにも「…を必要とする」，「…しなければならない」といった「必要・義務」フレーズが見当たりませんね。こういったフレーズも厳密にチェックするようにしましょう。

内容一致問題で注意すべき「必要・義務」フレーズ

indispensable「…は必要だ」，have to *do* /must / have got to *do* / *be* required to *do* / *be* obliged to *do* / have a duty to *do*「…しなければならない」，compulsory「…は義務だ」，

A is not to be missed「A は逃すことはできない」

★「A は義務的だ」をパラフレーズして(言い換えて)，「A は逃すことができない」と言う場合があります。

公式 **5** 義務フレーズのウソ

問2　第2パラグラフの breakneck という語に，意味の上で最も近いものは次の中のどれか。

思考プロセス

　第2パラグラフという指定もあったので見つけやすかったはずです。第3文にこの語はあるので，まず3文目自体をしっかり読んでみましょう。

　それで選択肢が絞り込めないなら，その前後の1行を追加で読んでみて，選択肢の絞り込みをかけてみます。そしてまだ絞り込めない選択肢があるなら，さらに前後の1行を追加して読んでいく，といったように進めて行けばよいでしょう。

　①と②の選択肢が先に落ちて，③と④の選択肢で決勝戦ということになります。

① 「危険な」

▶ マイナスイメージの語は，前後の内容からふさわしくありません。第
　2文の「子どもの認識能力が，子どもの誕生前から成長しはじめる」，
　第3文の「奇跡的な手順で，脳が発生する」といった内容で，「危険
　な」に関連するようなマイナスイメージの話題が1つも出てこないの
　で×。　　　　　　　　　　　　　　　　公式 1 ◀肯定否定，反対語によるウソ

② 「怪我を引き起こすような」

▶ この選択肢もマイナスイメージの内容になっており，本文には，「怪
　我」に関連するようなマイナスイメージの話題が1つも出てこないの
　で×。　　　　　　　　　　　　　　　　公式 1 ◀肯定否定，反対語によるウソ

③ 「猛烈な速さの」

▶ 第2パラグラフの第2文も，第3文も「幼い子どもの認識能力や脳の
　成長」に対してプラスイメージ，あるいは，肯定的なトーンで語って
　います。この③も「猛烈な速さでの成長」ということになり，他の選
　択肢と比べ，明らかな矛盾は見当たらないのでこれを正解とします。

④ 「意図的な」

▶ 第2文，第3文に注目。下線部の前後では，「認識能力や脳の成長」
　についての話をしていますが，これは幼児に関する認識能力や脳のこ
　と。幼い子どもの身体の成長が，意図的(=意識的)に行われるもので
　あるとは通常考えにくいですね。「身長，伸びろ！認識能力，高まれ！」
　と日々思いながら，意識的に努力を続ける幼児，なんていないでしょ
　う。

問3　第1パラグラフで筆者が言及していることは何か？

思考プロセス

　リード文に第1パラグラフとあるので，選択肢の内容を軽くチェックしたうえで，第1段落を捜索することになります。

① 「約40年前，あるイギリス人が『7歳まで子どもを私に預けなさい，その後は誰にでも育てられる』と言った」

▶ 選択肢の a British 「あるイギリス人」は，抽象的な言い回しです。これを具体的にパラフレーズしたものが本文の British film-maker Michael Apted 「イギリス人の映画製作者マイケル・アプテド」でしょう。本文第1パラグラフ第1文より，“引用符”の言葉を残しているのは，このイギリス人の映画製作者ではなく，聖フランシスコ・ザビエルです。

公式 4 ◀ 主体のウソ

② 「聖フランシスコ・ザビエルには，多くの子どもがおり，8歳以上の子どもを誰にでも預けた」

▶ 聖フランシスコ・ザビエルが登場するのは，第1パラグラフ第1文。また，このパラグラフ(文章全体)のテーマである「幼少期(子どもが7歳になるまでの時期)の教育の重要性」と，フランシスコ・ザビエルのセリフを結び付けて理解することが大切です。このセリフの本当の意味でのイイタイコトをつかむ必要があります。こういった有名人のセリフは，前後の言い換えになっていることが多いのです。

　この後に出てくる映画製作者の話の中で「子どもの基本的性格が幼少期に形成される」という内容が出てきますが，やはりこれがイイタイことなのです。この冒頭のセリフの内容からは，彼自身に子どもがいたかは不明。また，選択肢にあるような，彼が「7歳までの子どもを自分で育て，8歳以上の子どもを他人に預けていた」などというこ

とを実際にやっていたかどうかも不明です。これらの内容についての具体的説明が本文には全くありません。　📦記述なし

③「マイケル・アプデドは，幼少期の人格形成の過程を観察するためにイギリスの学童を撮影した」

▶第１パラグラフ第２文の内容に合致。「彼はイギリスの学童のドキュメンタリー映像を撮影した」，「第２学年までに基本的性格がどのように形成されるかを調べようとする試み」という２つのポイントが読み取れることから正解と判断します。選択肢の「幼少期」というのは，「第２学年までに」を言い換えたものと考えることができます。

④「あるイギリス人の映画製作者は，できるだけ多くの第２学年の生徒を撮影することに興味をもっていた」

▶イギリス人の映画監督とは，第１パラグラフ第２文のマイケル・アプデドのこと。この人物は「子どもの基本的性格が第２学年までに形成されるかを調べること」に興味があったのです。as many ... as possible「できる限り，可能な限り多くの…」という極端なフレーズで，子どもの数が強調されている点が×。「撮影対象になっている第２学年の子どもの数の多さ」を問題としているのではないのです。

　📦公式2◀極端な言い回しによるウソ

問4　この文章は，どういった結論に達しているのか。
　📦思考プロセス⚙

　リード文で「結論」と述べているので，**解答に必要な情報は文章の後半にあるのではないか**，と考えて，まずは，最終段落からチェックするのが良いでしょう。そして，最終段落で最も多く出てくる語は**「教育」**です。そのことが実感しやすいように，最終パラグラフの内容メモを示

しておきます。これを見ても明らかなように，筆者は，本文中で何度も
重要テーマを反復するのです。

　逆に，本文中で何度も反復している語は，本文のテーマになっている
のではないだろうか，と考えてみてください。

最終パラグラフのシンプル内容メモ

第1文　これまでの幼児(の脳)についての研究が行われてきた時
　　　　代背景

第2文　そういった研究は，何のため？
　　　　幼児の脳の研究は，「**教育の大切さ**」を主張するための
　　　　論拠

第3文　**教育**は大切だ！

第4文　**教育**は大切だからこそ，現状の(特に幼児期の)教育制度
　　　　を改善していこう！

第5文　幼児には，彼ら自身が主体となって**教育**改善を訴える組
　　　　織(労働環境の改善を訴える労働組合のような団体)はな
　　　　い。だからこそ，大人たちが，**教育**制度の改善のために
　　　　行動しよう！

　　　　※「労働組合」の歴史や性質について熱く語り合うパラ
　　　　　グラフではありません。この最終パラグラフ第5文以
　　　　　外では一切記述無し。「労働組合」は，引き立て役(た
　　　　　とえ話)に過ぎません。最終パラグラフを確認し，情
　　　　　報不足の選択肢については，解答根拠を第4パラグラ
　　　　　フでも探してみる，ということになるでしょう。

第6文　我々大人が，(幼児期の**教育**制度の改善を訴える)運動を
　　　　展開しなければ，他に誰もやらないだろう。

---

① 「アメリカの子どもは虐待や育児放棄，貧困の被害を受けているということ」

▶ 「虐待，育児放棄，貧困」という語句に注目。これらを本文中に探すと，第4パラグラフの最終文と第5パラグラフの第1文に見つかります。確かに，現状アメリカではこれらの被害を受けている子どもは存在するようです。しかし，このことが，この文章の結論になっているとは言えません。リード文（質問文）の要求に答えていなければ解答にはなれないのです。 公式10 ◀リード文に答えていないウソ

② 「現代科学は，以前は推量に過ぎなかったことを証明してきたということ」

▶ この選択肢の言わんとすることをシンプルにまとめると「科学の進歩」と言った感じでしょうか。一方，最終パラグラフの言わんとすることは「教育の重要性」ですね。合致しません。 記述なし

③ 「子どもの認知能力は生まれながらにほぼ完成しているということ」

▶ 選択肢中の「生まれながらに…完成」の部分が×。この③の内容は，最終パラグラフにはありませんね。第4パラグラフをさかのぼってみると，第1文と第2文で，「脳の成長にとって，人生の最初の3年間での経験が重要」という内容が読み取れますね。「経験」とは【後天的な要因】のことであり，選択肢の「生まれながらに…完成」というフレーズは【先天的な要因】のことを言っているのです。 公式 8 ◀因果関係・時系列のウソ

④ 「我々は子どもの教育，特に，幼い子どもに対する教育システムを改善する必要がある」

▶ 与えられている4つの選択肢の中で相対的に見た場合，この④の選択

肢が，この最終パラグラフのテーマである「教育」について触れており，内容は本文と矛盾も一切ありません。

問5　子どもには労働組合がないと述べているときに，筆者が言わんとすることは何か？

思考プロセス

「労働組合」というフレーズに注目しましょう。これは最終パラグラフの第5文にあります。問4の解説のときに使ったパラグラフメモを，この問5でも再利用できます。「労働組合」は，パラグラフ中で1回しか出てこないので，このパラグラフの重要テーマではありません。テーマを伝えるための引き立て役に過ぎないのですね。何度も繰り返される「教育」こそが重要テーマである，特に「幼児期の教育制度の改善」がこのパラグラフのイイタイコトなのです。ここでの「子どもには労働組合がない」という言い回しの真意は「子どもの教育制度改善のためのために主体的に活動する「労働組合」のようなものはありません。だからこそ，我々大人たちが行動するべきだ」ということを伝えるためのたとえ話なのです。労働組合そのものについて，熱く語っている選択肢は×でしょう。

①「子どもの労働組合を作ることに対し，大人が責任をもっているということ」

▶労働組合そのものの成立は，このパラグラフの言わんとすることではありません。比喩(ひゆ)表現と現実の混同で×。　**公式6** ◀ 比喩・仮定表現のウソ

②「**子どもは無力で，自分たちのために大人が決断してくれることをあてにしているということ**」

▶上記の思考法の部分で述べた内容に合うのはこの選択肢のみ。また，

本文のような教育論で we と出てきた場合，それは adult/parent「大人・親」を意味することが多いので要注意です。

③「子どもはもっと連帯する必要がある」

▶この選択肢の言い方だと「悪いのは子ども自身，子ども自身がもっと連帯して，教育制度の改善を訴えるべきだ」ということになります。「子どもの教育制度改善の責任を負っているのは我々大人だ」という本文の内容をしっかりつかみましょう。教育制度の改善に関して，選択肢では「子ども自身がガンバレ」と言っており，一方，本文は「大人たちがガンバレ」と言っているのです。主体のウソで×。

公式 4 ◀ 主体のウソ

④「子どもは生まれながらに協力的であるということ」

▶「生まれながらに」，「協力的」どちらも本文に記述無しで×。

記述なし

正解 問1 ① 問2 ③ 問3 ③ 問4 ④ 問5 ②

GRAMMAR FOR READING ③

so ... that ～構文

■ so ... that ～構文

第1パラグラ第2文目には，**so ... that ～構文**が使われています。so の本当の意味は「それほど」です。英語は **「左から右へどんどん詳しく・具体化していく」** のが大原則ですから，so interesting「それほど興味深い」といえば，「『それほど興味深い』ってどれほど興味深いの？ もっと詳しく言ってよ」という具体説明を求めるキモチが高まります。その具体説明をしてくれるのが that のカタマリなのです。

説明のカタマリだから，M（修飾語）のカタマリですね（ちなみに正式な区分けを言えば，この that のカタマリは副詞節です）。

<u>She</u> <u>is</u> <u>so</u> <u>busy</u> <u>that she can't go out on the town.</u>
　S　　V　M　　C　　　　　　　　M

「彼女はそれほど忙しい／**どれほど忙しいか，詳しく説明すると，街に遊びに出かけることができないほどだ**」

■ SV[セリフ]とその語順移動

第1パラグラフの1文目です。

<u>Saint Francis Xavier</u> <u>said,</u> [<u>"Give me ..."</u>]
　　　　　S　　　　　　　　V　　　　　O

この構造では，引用符（"..."）に入っている部分はセリフ・発言内容です。この部分を名詞のカタマリ（名詞節）として扱います。本文では，このセリフが O ＝目的語になっています。

第3パラグラフ第1文です。

"The brain is not a computer ..." says Lynn Arthur, a professor at Stanford University.

　この構造は，先ほどと根本的には同じですが，語順移動が生じています。S＋V＋[セリフ・発言＝O]という基本のカタチが少し変化して，次のようなカタチになっています。

　　［セリフ・発言＝O］＋V＋S＋（●●●＝Sに対する同格説明）
　　「［……］と／述べたのは／Sだ／ちなみにその人物は●●●をしている」

　本文でも，第3パラグラフ第1文は，読むときのアタマの中のイメージは，こういった感じです。

　　「えーっと，いきなり引用符だから，先に［セリフ・発言＝O］が来ているゾ，語順移動に要注意だ！」

　　　　　　　　　　　　　　↓

　　「脳は…コンピュータではない，と／述べたのは／リン・アーサー氏だ／この人物はスタンフォード大学の教授である」。

　このように読み進めていくと良いでしょう。これこそ内容一致問題を解く際の読み方です。

　いきなり引用符が見えますから，「**先に［セリフ・発言＝O］が来ているゾ，語順移動に要注意だ！**」という意識をもってください。

　[発言内容＝O]からスタートし，そのあとにV(say, stay, announceなど「述べる」の意味をもつ動詞)，そして発言者＝S，という語順になっています。

　英語において，後(文末方向)に置かれた要素が強調されることがあるので，このパターンでは，Sを強調したいと筆者が考えてこのようなOVSの語順移動が生じているのですね。さらに，このSが，どういった人物であるかの具体的な説明を，付け加えていきます。

Ｓが強調されているということは，それだけ筆者には，読者に対して「もっとＳについて知ってほしい，Ｓについて詳しく伝えたい」という心理が働いているということです。それでＳについての詳しい説明(●●●＝Ｓの言い換え説明＝同格語句)がＳの後に置かれるのです。

WRITING PICK UP ③
テーマは何か，主語は何か

今回の英文は，生まれてから早い段階の学習環境が脳に及ぼす影響について書かれていましたね。今回のような「早期教育」に関するテーマはライティングでも頻繁に扱われますが，中でも「早期英語教育」に関するものは繰り返し出題されています。

もちろん今回扱うのはこのテーマです。

Do you agree or disagree with the following statement?

Japanese students should start to learn English in first grade of elementary school.

Write about 100 words in English.

「日本の生徒は小学一年生から英語を学び始めるべきだ」という主張に賛成か反対か答える問題です。現在，小学校では3年生から外国語活動の時間に英語の授業が実施されていますので，十分「早期英語教育」の方向に進んでいるのですが，さらに英語学習開始年齢を下げるということについてどう思うか，という問いになっています。

気を付けたいのは，**この問いは「英語を学ぶことについての賛否」ではなく「早くから英語を学ぶことについての賛否」を求めるものであるということ**です。つまり，例えば賛成する場合に，**「英語は将来役に立つから」という理由を述べても，そのままでは有効な理由にはならない**ということです（「英語は将来役立つものなので，しっかりと身に付けるためには早いうちから学習を始め，時間をかけ確実に身に付くようにした方がよい」くらいまで言うなら別ですが）。

問いをしっかりと読む，ということが大事なのは皆さん分かっていると思いますが，「頭の中で別の問いにすり替えてしまう」ことがないように気を付けてください。では，答案作成頑張りましょう。

第3問

教育

モデルアンサー①では賛成の立場で主張を述べていますが, 今回のような「賛否型」の問題の書き出しに関して重要なことがあります。

それは, 「**何に賛成・反対であるのか, この答案を読んだだけの人にもしっかり伝わるように書く**」ということです。こうした問題の書き出しを "I agree with this statement." だけで終わらせようとする人がいますが, それは良い書き方ではないということを知っておいてください (もちろん語数制限が厳しい場合には仕方がないこともありますが)。

なお, GTECでは, 「このテーマを読んでいない人にも伝わるように」書くよう問題文に指示が付いていたりします。賛否型の出題での主張の仕方, 覚えておきましょう。

では, モデルアンサーを見てみます。

I agree that Japanese students should start learning English in the first grade. Starting English in the first grade will give students more time to do other things later in life. For example, more time can be spent on math, which gets more difficult in middle school. Moreover, learning English at an early age can help children become more open-minded. One reason for learning a foreign language is to broaden one's horizons. The older we get, the more biased we tend to be. It is beneficial to learn at a young age that there are many different people in the world and that Japanese is just one of many languages. (110)

<訳>
　私は, 日本の学生が小学1年生から英語を学ぶべきだと思います。小学校1年生から英語を始めれば, 将来, 生徒たちは他のことに時間を使えるようになるからです。例えば, 中学になると難しくなる数学に時間を割くことができます。そのうえ, 小さい頃に英語を学ぶことで, 子供たちはより広い視野を持つことができます。外国語を学ぶ理由のひとつは, 視野を広げることです。年齢を重ねれば重ねるほど, 人間は偏った考えを持ってしまいがちになります。世界にはさまざまな人がいて, 日本語も数ある言語のひとつにすぎないことを早いうちに知っておくことは有益です。

小学校1年生からの英語学習開始について賛成であると述べた上で，ひとつ目の理由として，「早くから英語学習をはじめることで将来的な時間の余裕を生むことができる」と述べています。早めから始めることで将来の負担分を減らすということですね。その上で，中学に入った際に数学により時間をかけることができると具体化しています。さらにふたつ目の理由として「視野が広がる」という理由が挙げられていますね。

すでに触れたように，「**外国語を学ぶと視野が広がる**」と単に主張するのでは，「**英語を学ぶ理由**」にはなり得ても，「**早くから英語を学ぶ理由**」とはなりません。そこでモデルアンサー①では，「年齢を重ねれば重ねるほど偏った考え方を持ってしまいがち」という点に触れ，考え方が凝り固まってしまう前に，早いうちから外国語を学ぶことでより視野が広がりやすくなるのだ，と展開しているのです。これならば「早くから学び始めるべき理由」になりますね。

このように，何をテーマとした文章を書いているのか間違えないようにすることはとても大切です。

さて，今回のポイントでは，文における「テーマ」とも言える「主語」について考えてみましょう。

● 「人以外」を主語にしてみる ─────────────────────●

今回のポイントは【**何を主語にするか**】です。英文を書く際には「**主語を何にするかを考えることが重要**」だと言われますね。日本語は主語を省略することの多い言語ですから，私たちはその分いっそう英文を書く際の「**主語の設定**」には気を配らなくてはいけないわけです。

この「主語」について，今回のモデルアンサー①の主張以降の文章を少し見ながら考えてみましょう。

... Starting English in the first grade will give students more time to do other things later in life. For example, more time can be spent on math, which gets more difficult in middle school. Moreover, learning English at an early age can help children become more open-minded. One reason for learning a foreign language is to broaden one's horizons. ...

四角で囲った部分に注目してください。ここまで「**人以外**」が主語になって

いることに気付いたでしょうか。「人以外」が主語になっている場合のよく出てくる例が**「無生物主語」**というものです。

　皆さんも，「無生物主語だから気を付けよう」というような指導をされたことがあるのではないでしょうか。ただ，それは，**日本語だと無生物主語はあまり頻繁には使われないため，和訳をする際に一定の配慮を必要とする**からそういった指導になるだけで，**無生物主語を含め，「人以外」を主語にするのは英語では特別なことではないのです。**むしろ英文を書く際には**「人以外」を主語にした方がより良い文を書けることが多い**とさえ言えます。たとえば，今見たモデルアンサー①の文章を，「人」を主語にして書いてみましょう。

... If students start English in the first grade, they will have more time for other things later in life. For example, they can spend more time on math, which gets more difficult in middle school. Moreover, if children learn English at an early age, they can become more open-minded. When we learn a foreign language, we can broaden our horizons. ...

どうでしょうか。もちろん間違った英文なわけでは全くありませんからこれでも問題ありません。ただ，人以外を主語に使っている英文の方がスッキリと簡潔に書けているように感じないでしょうか。

　実は最初の**「人以外を主語にした文章」**と，その後の**「人を主語にした文章」**はどちらも語数はほぼ同じです（60語と61語）。それでも2つ目の文章の方が「長い」感じがしてしまうところに**「主語の設定」**の力を感じますね。人以外の主語で英文を書くとより洗練された印象を与えるわけです。こうした主語を使えるようになることは英文を書くことが上手になることでもあります。

　ぜひ積極的に学んでみてください。

　今回は**「早期英語教育」**をテーマとして扱いました。これと類似の問いとして「日本人は何歳から学校での英語学習を開始すべきか」という出題が2020年に島根大学でなされています。

　遡っていくと，2000年代前半には「早期英語教育」に関する自由英作文の出題はなされていましたので（2004年福岡教育大学），このテーマはもうずいぶん長いこと問われ続けているわけです。また，もう少しシンプルに「外国語

学習は人生でどう役立つか」という問いは2008年に東京工業大学で出されていますし，今後も「外国語学習の意義」というようなテーマは出題され続けていくことが予想されます。英語という外国語を学んでいる以上，それを学ぶことの意義や意味は「受験で使うから」以上のものをしっかりと考えておきたいところです。準備しておきましょうね。

Useful Expressions

□ **S prevent *A* from *doing*** 「SがAがdoするのを妨げる（SのせいでAがdoできない）」
→ 情報が多すぎるせいで私たちは何が正しく何が正しくないのかを判断できない。
Too much information prevents us from deciding what is right and wrong.

□ **S lead to *A*** 「SがAにつながる／Sが結果としてAになる」
→ スマホを使いすぎることは健康問題につながり得る。
Using smartphones too much could lead to health problems.

□ **broaden *one*'s horizons** 「視野を広げる」
→ 1年間のアメリカ留学のおかげで私の視野は広がった。
Studying in the U.S. for one year has broadened my horizons.

● Model Answer ② 「反対」

　I disagree that Japanese students should start learning English in the first grade. First, Japanese children should focus on learning their mother tongue in the early elementary school years. Japanese is written using kanji, hiragana, and katakana. It's difficult for young Japanese children to learn English on top of the other three writing systems. In addition, first grade students are already busy. First grade is also when children get used to the school environment. If you don't adjust to the environment first, you won't have room to learn new things. However beneficial learning English is, it will be harmful if taught to people who don't have enough time to learn. (110)

<訳>

　私は日本の生徒が小学1年生から英語を学ぶべきだとは思いません。第一に，日本の子どもたちは，小学校低学年のうちには母国語の学習に専念すべきだからです。日本語は，漢字，ひらがな，カタカナで書かれています。日本の小さな子どもにとって，これらに加えて英語を学ぶのは困難です。さらに，小学1年生はすでに忙しいのです。小学1年生は，学校の環境に慣れる時期でもあります。まず環境に慣れないと，新しいことを学ぶ余裕がなくなってしまいます。いくら英語を学ぶことが有益であっても，学ぶ時間が十分にない人が教わるのであればそれは害になってしまうのです。

第4問

次の英文を読み，下記の設問に対する最も適当な答えを，それぞれ①～
④の中から選びなさい。

In the 1960s and 1970s, the feminist movement was reborn in
America. "Feminism" is the idea that women should have the same
rights and opportunities as men. All through the nineteenth and early
twentieth centuries, American women had struggled to win such
basic rights as the right to vote. When women finally won the right ₅
to vote in 1920, many people thought that women had achieved equal
standing with men. But this was not yet true.

Women still had fewer opportunities than men. Men were taught
that they could be almost anything they wanted to be. A man knew
that he could become a soldier, a teacher, a doctor, an artist, or any ₁₀
one of a hundred other things. But women had been trained to believe
that their most important goal was to marry and raise children. Most
men and women tended to believe the old saying, "A woman's place
is in the home."

In 1963, a feminist named Betty Friedan published a book called ₁₅
The Feminine Mystique. She was influenced very much by *The Second
Sex*, written by Simone de Beauvoir, a famous French philosopher,
published in 1949, and her book owed a lot to Beauvoir's ways to treat
sexuality from various angles. In her book, Friedan argued that many
American women were unhappy because they were not allowed to ₂₀
develop their talents and interests. American girls received educations
that opened their minds and made them want to take an active part
in the world, but when they grew up, they were told that the only

thing they should do was take care of a home. According to Friedan,
25 this "housewife trap" made many women frustrated and angry.

Friedan and other feminists also pointed out that when women did work outside the home, they were discriminated against. Usually they could find jobs only in fields where most of the workers were women, like nursing and elementary school teaching. These were hard and
30 important jobs, but they did not pay well, and some men looked down on them as "women's work." And even when a woman did get a job in a "man's" field, she was usually paid less than the men she worked with.

Soon more and more women were drawn to feminism, or the
35 "women's liberation" movement, as it was now called. In 1966, Friedan and other feminists founded a group called NOW. The name had a double meaning; it stood for the National Organization for Women, but it also meant that women were tired of waiting, that they wanted equality with men *now*. NOW soon had thousands of members all over
40 the country.

(Vardman, J. (2013) *What Young Americans Know about History.*)

問1　When and why did the feminism movement begin?

① It began over a hundred years ago, to try to give women many of the same rights as men.

② It began once women had been given the right to vote, and could then change the laws.

③ It started when jobs such as doctor, soldier or artist were offered to 19th century women.

④ It started because there was a large number of active working

78

women in the early 1970s.

問2　What connection was there between Friedan and de Beauvoir?

① De Beauvoir wrote a book later based on Friedan's *The Feminine Mystique*.

② Friedan's earlier work, *The Second Sex*, gave de Beauvoir her original idea.

③ It was said of Friedan that her works led to de Beauvoir becoming famous.

④ One of de Beauvoir's books dealt with a theme that Friedan was interested in.

問3　What is the "housewife trap"?

① It refers to the fact that once an American woman got married, she no longer had to remain trapped in her kitchen, but could continue studying.

② American young women received a wide education, but pressure to become a housewife prevented from using those talents.

③ Once a woman got married in America, she lost her freedom, and had to stay at home to be cared for by older family members and children.

④ Choosing the right marriage partner for American women was difficult, and many made the mistake of marrying a very unsuitable husband.

問4　In the 1960s, how were men's and women's working conditions different?

① Women faced less discrimination at work, unless they worked in their home.

② Except for jobs like nursing and teaching, women had many opportunities.

③ Many jobs were not open to women, and they were less well paid than men.

④ Men respected women for working hard, even though the salary was lower.

問5　Why was the 1966 group called NOW?

① It showed how many thousands of people from all over the country had joined the new organization.

② The letters not only stood for the name of the organization, but also showed the urgency for action.

③ By choosing this name for their organization, Friedan and others could have twice the number of members.

④ This name clearly demonstrated the close connection between this feminist group and other ones.

第4問 | フェミニズム

第1パラグラフ

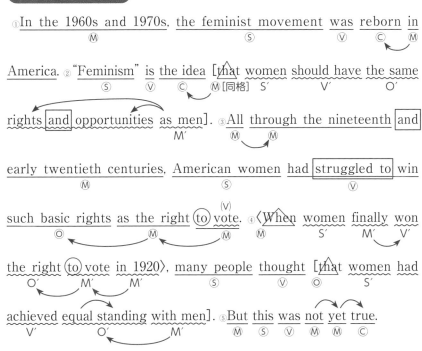

①1960年代および1970年代において，アメリカでフェミニズム運動が復活した。②「フェミニズム」とは，女性が男性と同じ権利と機会を持つべきだという考えである。③19世紀および20世紀初頭を通じて，アメリカの女性は投票権などの基本的な権利を獲得するために苦心した。④1920年に女性がついに投票権を獲得したとき，多くの人は女性が男性と同等の立場を得たと考えた。⑤しかし，これはまだ真実ではなかった。

✓ Word Check

- ☐ feminist movement 「フェミニズム運動」
- ☐ the same ... as 〜 熟「〜と同じ…」　　☐ right 名「権利」
- ☐ opportunity 名「機会」　　☐ through 前「〜を通して」

□ struggle to *do* 〜　熟「〜しようと奮闘する」　　　□ vote　動「投票する」
□ win　動「勝ち取る，獲得する」　　　□ achieve　動「達成する，獲得する」

● 第2パラグラフ

①Women still had fewer opportunities than men. ②Men were taught
[that they could be almost anything (▲ they wanted to be ●).] ③A
man knew [that he could become a soldier, a teacher, a doctor, an
artist, or any one of a hundred other things]. ④But women had been
trained to believe [that their most important goal was to marry and
raise children]. ⑤Most men and women tended to believe the old
saying, ["A woman's place is in the home."]

①女性は相変わらず男性より機会が少なかった。②男性は彼らがなりたいと思ったもののほとんど全てになれると教えられた。③男性は，兵士，教師，医者，芸術家，またはその他の100ものものになれることを知っていた。④しかし，女性は結婚をして子供を育てることがその最も重要な目標だと考えるようしつけられていた。⑤ほとんどの男性と女性は，「女性の居場所は家庭にあり」いう古いことわざを信じる傾向があった。

✔ Word Check
□ soldier　名「兵士」
□ train O to *do* ...　熟「Oに…するように訓練する」　　　□ raise　動「育てる」

82

□ tend to 〜　熟「〜する傾向がある」　　□ saying　名「ことわざ」

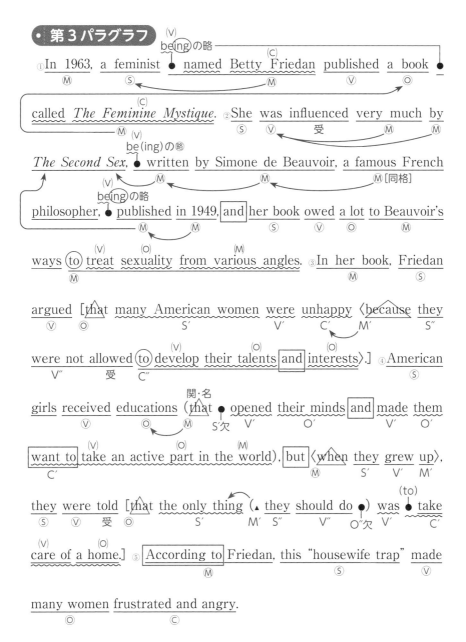

第3パラグラフ

①In 1963, a feminist named Betty Friedan published a book called *The Feminine Mystique*. ②She was influenced very much by *The Second Sex*, written by Simone de Beauvoir, a famous French philosopher, published in 1949, and her book owed a lot to Beauvoir's ways to treat sexuality from various angles. ③In her book, Friedan argued [that many American women were unhappy 〈because they were not allowed to develop their talents and interests〉.] ④American girls received educations (that opened their minds and made them want to take an active part in the world), but 〈when they grew up〉, they were told [that the only thing they should do was take care of a home.] ⑤According to Friedan, this "housewife trap" made many women frustrated and angry.

第4問

フェミニズム

83

①1963 年，ベティ・フリーダンという名のフェミニストが『新しい女性の創造』という本を出版した。②彼女は，1949 年に出版された，著名なフランスの哲学者であるシモーヌ・ド・ボーヴォワールが書いた『第二の性』に大いに影響を受けており，彼女の本は，ボーヴォワールのさまざまな角度からセクシュアリティ（性的資質）を扱う方法から恩恵を受けている。③本の中でフリーダンは，多くの米国女性は，その才能や興味を発展させることが許されなかったため，不満を抱いていたと主張した。④アメリカの女子は，その心を開かせ，世界に積極的に参加したいと思わせる教育を受けたものの，彼女たちが成長すると，彼女たちがするべき唯一の事は家を大事にすることであると教えられる。⑤フリーダンによると，この「主婦の罠」が多くの女性をイライラさせ，怒らせた。

✓ Word Check

- □ influence 動「影響する」　　□ famous 形「著名な，有名な」
- □ philosopher 名「哲学者」　　□ publish 動「出版する」
- □ owe 動「影響を受けている，負っている」
- □ sexuality 名「セクシュアリティ，性的資質」
- □ various 形「様々な」　　□ angle 名「角度」
- □ argue 動「主張する」
- □ allow O to *do* ... 熟「O に…するように許す」
- □ talent 名「才能」　　□ interest 名「興味」
- □ receive 動「受ける」　　□ education 名「教育」
- □ according to ～ 熟「～によると」　□ housewife 名「主婦」
- □ trap 名「罠」　　□ frustrate 動「いらだたせる」

● 第 4 パラグラフ

①Friedan and other feminists also pointed out [that ⟨when women did work outside the home⟩, they were discriminated against.]

②Usually they could find jobs only in fields (where most of the workers were women), like nursing and elementary school teaching.

84

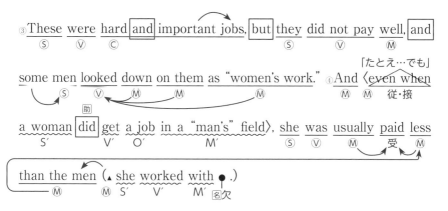

③These were hard and important jobs, but they did not pay well, and
some men looked down on them as "women's work." ④And 〈even when
「たとえ…でも」
a woman did get a job in a "man's" field〉, she was usually paid less
than the men (she worked with .)

①フリーダンやその他フェミニストは，女性が家の外で仕事をしたとき，彼女ら
は差別されたとも指摘した。②通常，彼女らは看護や小学校の教師のような，労働
者のほとんどが女性であった分野だけで仕事を見つけることができた。③これらは
難しく重要な仕事だったが，給料は良くなく，一部の男性はそれらを「女性の仕事」
と見下した。④女性が「男性の」分野で仕事を得たとしても，一緒に働いた男性よ
りも給料が少なかった。

✓ **Word Check** --○
□ point out 熟「指摘する」　　　　□ discriminate 動「差別する」
□ nursing 名「看護」　　　　　　　□ elementary school 「小学校」
□ look down on 熟「見下す」　　　□ job 名「仕事」

• **第5パラグラフ**

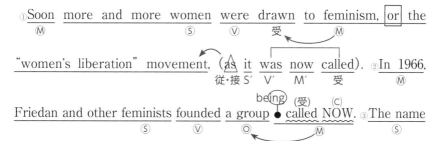

①Soon more and more women were drawn to feminism, or the
"women's liberation" movement, (as it was now called). ②In 1966,
Friedan and other feminists founded a group called NOW. ③The name

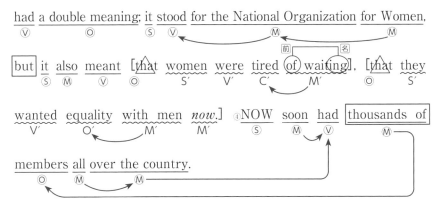

had a double meaning; it stood for the National Organization for Women, but it also meant [that women were tired of waiting], [that they wanted equality with men now.] ④NOW soon had thousands of members all over the country.

①やがてより多くの女性がフェミニズム，あるいは「女性解放」運動と当時呼ばれていたものに引き寄せられた。②1966 年，フリーダンをはじめとするフェミニストたちが NOW というグループを設立した。③この名前には二重の意味があった。それは全米女性同盟(National Organization for Women)の略であるが，女性は待つことに疲れ，「今」男性との平等を欲したという意味でもあった。④NOW は間もなく全国に数千人の会員を持った。

✓ Word Check

□ more and more　熟「より多くの」
□ *be* drawn to ～　熟「～に引き寄せられる」
□ liberation　名「解放運動」　　　□ found　動「設立する」
□ double　形「二重の」　　　　　　□ meaning　名「意味」
□ stand for ～　熟「～を意味する」　□ organization　名「組織，団体」
□ equality　名「平等」　　　　　　□ thousands of ～　熟「数千の～」

○と×の根拠づけをしよう

問1　フェミニズム運動はいつ，なぜ始まったのか。

思考プロセス

　設問はフェミニズム運動の始まりとその理由を聞いていますね。第
1 パラグラフ第 1 文(In the 1960s and ...)にフェミニズム運動が reborn

したという記述がありますから，復活する前の成り立ちに触れている可能性のあるこのパラグラフを重点的に確認していきます。

　そうすると第3文(All through the nineteenth and ...)に，rebornする前に関する記述がありますので，これを根拠に選択肢①が正解だと判断することになります。②は時系列が正しい順番になっておらず④については記述がありません。③については補足説明をしておきましょう。

① 「女性に男性と同じ権利を与えようと，100年以上前に始まった」

▶第1パラグラフ第3文(All through the nineteenth and ...)の内容に一致。これが正解です。

② 「女性に投票権が与えられ，法律を変えることができるようになってから始まった」

▶第1パラグラフ第3文(All through the nineteenth and ...)と第4文(When women finally won ...)の内容と不一致。

公式 8 ◀因果関係・時系列のウソ

③ 「19世紀の女性に医者，兵士，芸術家などの仕事が提供されたときに始まった」

▶第2パラグラフ第3文(A man knew that ...)に「医者，兵士，芸術家などの仕事」という記述はありますが，これは男性に関する内容で女性については記述がどこにもありません。文中のことばを組み合わせて全く関係のない選択肢としています。惑わされないように。

公式 9 ◀本文のフレーズをいくつか組み合わせたウソ

④ 「1970年代初頭に，アクティブに働く女性がたくさん活躍していたため始まった」

記述なし

問2　フリーダンとド・ボーヴォワールにはどのような関係があったの
　　か。

「思考プロセス」

　リード文に Friedan と de Beauvoir という固有名詞が登場しています
ので，まずはこれを手掛かりに第3パラグラフを確認していきましょう。
そうすると，第2文(She was influenced very much ...)に，**フリーダン
がド・ボーヴォワールの書いた本に影響を受けた**ことが述べられていま
すね。ド・ボーヴォワールの本に影響を受けたのはフリーダンが「その
本の扱っているテーマに関心があった」からでしょうから，選択肢④が
正解となります。

　③は記述がありませんが，①と②はどちらもこの第2文(She was
influenced very much ...)を根拠として正解・不正解を判断することが
できる選択肢です。選択肢のどのようなところを本文と異ならせると
誤った選択肢となるのかしっかりと確認してみてください。

①「ド・ボーヴォワールは，フリーダンの『新しい女性の創造』に基づ
　いて，後に本を書いている」

▶第3パラグラフ第2文(She was influenced very much ...)の内容と不
　一致。　　　　　　　　　　　　　　　　　　公式 8 ◀因果関係・時系列のウソ

②「フリーダンの前作『第二の性』は，ド・ボーヴォワールに原案を与
　えた」

▶第3パラグラフ第2文(She was influenced very much ...)の内容と不
　一致。　　　　　　　　　　　　　公式 9 ◀本文のフレーズをいくつか組み合わせたウソ

③「フリーダンに関して，彼女の作品によってド・ボーヴォワールが有
　名になったと言われている」　　　　　　　　　　　　　　　記述なし

④「ド・ボーヴォワールの著書の中に，フリーダンが関心を持っていた
　テーマを扱ったものがある」

▶第3パラグラフ第2文(She was influenced very much ...)の内容に一
　致。これが正解です。

問3　「主婦の罠（わな）」とは何か。

思考プロセス

　リード文に"housewife trap"という言葉がありますから，これを含ん
でいる第3パラグラフを確認します。

　本文中でこの"housewife trap"が用いられている場面では，**this**
"housewife trap"（こうした「主婦の罠」が…）と述べられていますから，
その前の内容が"housewife trap"の説明になっていると判断できます。

　そうすると，第3パラグラフ第3文(In her book, Friedan ...)と第4
文("American girls received ...")の内容と一致する選択肢②が正解であ
ることが分かりますね。

　他の選択肢は本文に記述のない内容で正解とはなりません。指示語な
ども手掛かりに解答の根拠にしっかりとたどり着くことが重要です。

①「これは，アメリカの女性が結婚すると，台所に閉じこめられる必要
　がなくなり，勉強を続けられるようになったことを指している」

記述なし

②「アメリカの若い女性は幅広い教育を受けていたが，主婦にならなけ
　ればならないという圧力によって，その才能を生かすことができな
　かった」

▶第3パラグラフ第3文(In her book, Friedan ...)以降の内容に一致。
　これが正解です。

③「アメリカでは，結婚すると自由がなくなり，家にいて年配の家族や
子どもに世話をしてもらうしかなかった」 記述なし

④「アメリカの女性にとって，相応しい結婚相手を選ぶのは難しく，多
くの女性が非常に相応しくない夫と結婚するという失敗を犯してい
た」 記述なし

問4　1960年代，男性と女性の労働条件はどのように違ったか。
思考プロセス

　設問中に「1960年代」という言葉がありますので，これを手掛かりに，
まずは第3パラグラフを確認します。そうすると続く第4パラグラフ第
1文に"Friedan and other feminists also pointed out ..."とあり，「…に
ついても指摘した」と追加していることから，このパラグラフが前のパ
ラグラフから連続した内容である（つまり第4パラグラフも1960年代の
内容である）ことがわかりますね。

　そのまま読み進めると，看護師や教師のような，「女性に解放されて
いる」仕事は給料が良くないという記述があります。加えて，それ以降
の内容で，「男性の仕事」に女性が就けたとしても通常女性は男性より
も給与が低かったと書かれています。したがって，選択肢③が正解とな
ります。パラグラフの展開にしっかりと意識を向けて読むことはとても
大切です。

①「女性は，家の中で仕事をしない限り，職場での差別は少なかった」
▶第4パラグラフ第1文（Friedan and other feminists ...）の内容と不一
致。 公式 1 肯定否定，反対語によるウソ

②「看護師や教師のような仕事を除けば，女性には多くのチャンスが

90

あった」

▶ 第4パラグラフ第2文(Usually they could find jobs ...)の内容と不一致。 公式1 ◀ 肯定否定，反対語によるウソ

③「多くの仕事は女性には開放されておらず，男性よりも給料が低かった」

▶ 第4パラグラフ第2文(Usually they could find jobs ...)以降の内容に一致。これが正解です。

④「男性は，給料が低くても，一生懸命働く女性を尊敬していた」

▶ 第4パラグラフ第3文(These were hard and important jobs ...)の内容と不一致。「男性が<u>女性</u>を尊敬していた」という記述は本文中に存在しません。 公式1 ◀ 肯定否定，反対語によるウソ 記述なし

問5 <u>1966年の団体が「NOW」と呼ばれたのはなぜか。</u>
思考プロセス

設問にNOWという言葉がありますから，これを手掛かりにNOWという言葉が登場する第5パラグラフに戻り読み進めていきましょう。

そうすると，第3文(The name had a double ...)の部分にNOWの名前には2つの意味があると記述があり，その具体的内容として【1】National Organization for Woman の略称であることと，【2】今(now)すぐに男女平等を実現したいのだという思いが込められていることが述べられています。選択肢②は【1】を"the name of their organization"で，【2】を"the urgency for action"で言い換えた選択肢になっていますからこれが正解です。選択肢④は記述がありません。①と③については補足しておきましょう。

① 「それは，全米から何千人もの人々がこの新しい組織に参加したことを示していた」

▶ 第5パラグラフ第4文（NOW soon had ...）の内容と関連しますが，本文中の言葉を組み替えることで無関係な内容の選択肢となっていますね。 公式9 ◄本文のフレーズをいくつか組み合わせたウソ

② 「**この文字は，組織の名前を表しているだけでなく，行動の緊急性を示していた**」

▶ 第5パラグラフ第3文（The name had a double ...）の内容に一致。これが正解です。

③ 「フリーダンたちは，この名前にすることで，会員数を2倍に増やすことができた」

▶ 第5パラグラフ第3文（The name had a double ...）の内容に関連しますが，本文中に記述はありません。"The name had a double meaning: ..."の部分を，本来の「その名前は二重（2つ）の意味がある」ではなく，「その名前は二倍の意味がある」というような誤った読み方をしてしまう人を，言葉を組み換えてひっかけようとする選択肢ですね。 公式9 ◄本文のフレーズをいくつか組み合わせたウソ 記述なし

④ 「この名前は，このフェミニストグループと他のフェミニストグループとの密接なつながりを明確に示していた」 記述なし

正解 問1 ① 問2 ④ 問3 ② 問4 ③ 問5 ②

GRAMMAR FOR READING ④

抽象(概念)名詞＋that ...の用法

■ 抽象(概念)名詞＋ that ...

第1パラグラフ2文目　"Feminism" is the idea that ...

第2パラグラフ5文目　the old saying, "..."

名詞は，次のように大きく2つのグループに分ける場合があります。

❶体積・質量を具えているモノ⇒**具体名詞**

apple「リンゴ」　→(例)有名なツガルリンゴは，平均300グラム

book「本」　　　→(例)250ページの文庫本なら約200グラム

❷体積・質量が無く，人間がアタマの中で(概念的に・抽象的に)イメージしているモノ⇒**概念(抽象)名詞**

idea「考え・思想」→(例)世界を驚愕させるような考えでも0グラム

fact「事実・真実」→(例)全ての人間を爆笑の渦に包む真実でも0グラム

こういった名詞自体には体積・質量はありませんね。明確な色もカタチもありません。この世に物理的に存在する物体ではありませんね。私たちのアタマの中だけで，イメージとして存在するモノです。

上記の2つのグループのうち，❷に属する名詞に対して，[従属接続詞の that ＋完全な文]のカタマリが M として付くことがあります。これを，【同格(名詞節)の構文】と呼びます。

このときの that のカタマリは，❷の名詞の中身・内容について**具体化**しています。

idea ＋[that the Japanese people work too much]

(抽象名詞)　　　　　　　　　同格の構文

that のカタマリの内側の V′ は work です。移動する（go／come）・存在する（exist／stay）・あらわれる（occur／happen）・働く（work／act）などは，完全自動詞と呼ばれ，O も C も付かずに，SV さえ揃っていれば，原則上，完全な文とみなすのです。この例文も SV だけで完全な文とみなすことができるので，完全な文の前に付く that は，従属接続詞の that ということになります。

　この構造パターンを訳すときは，「［多くの日本人が働きすぎているという］考え」のように，that のカタマリを idea にかけるようにすればよいでしょう。

　このとき，従属接続詞の that であることをしっかり答案でアピールして，that に対する「**という**」の訳を意識してください。非常に些細なことですが，この「**という**」という日本語訳ひとつで，記述問題では，採点に影響しますから注意しましょう。

　基礎力養成期は，和訳問題が出る国立二次個別試験に備えるため，そして，私大入試も含め重要となる正確な読解力を鍛えるためにも，ふだん使っているわかりやすい日本語にいったん直すことで，英文の内容に関して「だいたい，なんとなく」ではなく，「明確に，ハッキリ」理解できるレベルまで深く読み込むことで，英語の基礎力を作っていきましょう。

　ただし，実践期において，実際の入試会場で，和訳問題が無く，特に日本語訳の提出が求められていない場合には，できる限り英語の語順で，**【まずは idea「考え」と大まかに言っておいて，その後の that のカタマリで，idea の中身・内容について具体化していく】**という英語の情報のナガレ（大まか⇒詳しく）にのって読んでいくと時短になりますね。「何かの考えがあるんだな〜／どんな考えだろう？　考えの内容は？／「多くの日本人が働きすぎるということ」か〜。ふ〜ん」といった感じです。

最後に，この構文のときに注意すべきは，**that の判別**です。**that の後が完全な文になり，この that が従属接続詞である**ことをしっかり確かめるようにしてください。同じ that でも，後に不完全な文がくるときは，従属接続詞の that ではありませんし，同格(名詞節)の構文にもなりません。**不完全な文とは，名詞が 1 つ欠けた文**のことです。名詞が 1 つ欠けるとは，以下の 4 つのパターンのいずれかの 1 つの状態になってしまうことです。

❶ S′ が欠けている
❷ O′ が欠けている
❸ C′ が欠けている
❹ 前置詞の後の名詞が欠けている(前置詞の目的語が欠けている)

　このとき，that は**関係代名詞の that** ということになります。この関係代名詞の that のカタマリになっているときは，「〜という」と訳してはいけません。この「〜という」の訳は，一般的に，従属接続詞 that に対する日本語訳なのです。関係代名詞の that のときは，that 自体は，何も訳さずに，後ろの文を前の名詞にかけて訳すと良いでしょう。

the idea (that ● was proposed to us)
(抽象名詞)　　 S′欠 V′　 受　　 M′

「(我々に 提案された)考え」

★たとえば上記のような場合，抽象名詞(idea)と that があるからと言って，同格(名詞節)の構文になるとは限りません。that の後をみると，S′ にあたる名詞が欠けていますね。that は，この欠けた名詞を補う働きをしていると考えられ，関係代名詞ということになります。
　訳すときは，後の文を，前の名詞にかけるように訳しますが，従

属接続詞の that ではないので，同格構文にもなっていません。日本語訳の上での非常に，細かい問題ですが，この that には「〜という」のような訳をあてないようにしましょう。こうした知識は国立二次試験の和訳問題や私立大学の文法問題(that の判別)で狙われることがありますから，意識しましょう。

WRITING PICK UP ④
どちらかに絞る，どちらにも触れる

今回は早速ライティングテーマに入ろうと思います。詳しくはまたあとで。ではいきましょう。

> Do you think artificial intelligences, or AIs, will take all of our jobs in the future? Write your opinion in about 100 words.

「AIは将来的に私たちの全ての仕事を奪ってしまうと思うか」という問題です。この問題自体の特徴についてはあとで説明することにしましょう。

1点気を付けて欲しいのは，**この問いに対して"I agree with the statement ..."などと書かないようにすること**です。この問題は"Do you think 〜?"と聞いているわけで，賛否を聞いているわけではありません。生徒の答案を見ていると，「全ての仕事を奪うと思う！」という気持ちが「同意します！」というような感情とつながり，なんとなくagree/disagreeで答えたくなってしまうようなのですが，これでは問いに答えたことにはなりません。うっかり間違えないようにしましょう。

では，答案作成頑張ってくださいね。

● Model Answer ① 「全て奪うとは思わない」

では，ようやく今回の問題の特徴について触れましょう。今回のテーマの特徴は，**「全て奪うとは思わない」という主張の方が断然書きやすい**という点にあります。自由英作文のテーマには，**「一方の立場でしか実質上書きようがないもの」**や**「一方の立場の方が圧倒的に書きやすいもの」**が存在します。

内容一致問題でも，**「100%」**や**「全て」**という表現が入っている選択肢は**正解となることが少ない**ことを皆さんはもう知っていると思いますが，それは選択肢の問題というよりも，**この世の中でそのように極端な結果となる物事が少ないから**です。つまり，今回の問いで「全ての仕事がAIに奪われる」と主張することは，かなり骨が折れることなわけですね。

たとえば，今回の読解パートの長文は，フェミニズムや女性の権利に関する内容でしたね。日本は男女平等が叫ばれてはいるものの，まだまだ残念ながら

課題が多いのが現状です。それを反映してか，「**女性の待遇改善に企業はもっと力を入れるべきか**」というような自由英作文の出題が，英検も含めてなされています。

しかし，これも「**"改善にもっと力を入れるべき"という主張以外で書くことが非常に困難なテーマ**」だと言えます。今日の社会情勢や本来あるべき真に平等な社会の実現を考えれば「もう改善に力を入れなくてよい」と主張するのはかなり厳しいと言わざるを得ないからです。自由英作文を書く際には「**書ける方の立場で書く**」ということが非常に重要ですが，今回のような観点も加味して，どの立場で書くかの検討をするようにしましょう。

さぁ，モデルアンサーを見てみますよ。

I don't think AIs will take all of our jobs in the future because there are some jobs that only humans can do. While one of the strengths of AIs is their ability to process information quickly and accurately, one of the strengths of humans is their ability to communicate well. This means that jobs that require good interaction skills will remain the responsibility of humans in the future. For example, in the field of nursing care, nurses must not only communicate with their elderly patients, but they must also observe, understand, and empathize with them. This is the kind of work that AIs cannot do. (106)

<訳>

　私は将来的にAIがすべての仕事を奪うとは思いません。なぜなら，人間にしかできない仕事もあるからです。AIの強みには，情報を素早く正確に処理できることが挙げられますが，人間の強みには，高いコミュニケーション能力が挙げられます。つまり，高い対話力が求められる仕事は，今後も人間が担当することになります。例えば，介護の現場では，お年寄りとのコミュニケーションをとることだけでなく，お年寄りの状況を観察し，理解し，それに共感することが求められます。このような仕事は，AIには担えないのです。

最初に主張を述べ，その理由として「人間にしかできない仕事がある」と述べています。その上でAIの強みと人間の強みを対比し，人間の強みが高いコミュニケーション能力にあることを示していますね。そこから，人と人とのやり取りが必要な仕事は将来的にも人間が担うべき仕事であり続けるだろうと続

けているわけです。その具体例として介護の現場で人だけが担うことのできる役割を示し，最後にこうした仕事はAIに取って代わられることはないと述べています。理由を述べた後に対比し，対比からわかることを述べた上で具体例を挙げる，という展開で，対比を展開の中にうまく組み込んでいます。今日のポイントはこの「対比」についてです。

● 対比の使いどころ

というわけで，今回のポイントは【対比】です。モデルアンサー①の中で，

> ... While one of the strengths of AIs is their ability to process information quickly and accurately, one of the strengths of humans is their ability to communicate well. ...

という部分がありましたが，ここが対比している部分になります。…と，このように説明すると「whileは対比を表すことがあるんだから当然じゃないか」と思ったりする人がいますが，「対比だとわかる」ことと「対比が使える」ことは別問題です。そして，多くの人が対比を効果的に使えていないのです。

そもそも，**自由英作文における「対比の目的」**は何でしょうか。対比の主な目的のひとつは，**「2つのものの違いを明確にすること」**だと言えます。

では，**自由英作文で違いを明確にする意味**はなんでしょうか。もちろん，「その"違い"の存在で自分の主張・理由を支えることができる」点にあります。

指導をしていると，この**「自分の主張・理由を支えるために対比する」**という点がイマイチ意識できていないと感じる答案をよく目にします。つまり，「対比するとよいと言われてとりあえず対比したけれど，何のために対比をしたのかが伝わらない文」になってしまっている人が多いのです。対比の目的や使いどころまでしっかりと理解しておきましょう。

今回のUseful Expressionsでは，対比の表現を挙げておきます。しっかりと使えるようにしてください。

今回は「AI」をテーマとして扱いました。AIに関する出題は2018年に静岡大学で「AIの私たちの暮らしや社会へのこれからの影響」を問うかたちでなさ

れています。また2019年にも福井大学で「AI導入の否定的側面」について書くことが求められました。なお，今回出題した問題と同趣旨の問題は2019年に宮城大学で出題されています。またAIに関連した出題としては「車の自動運転の是非」などがあります。この場合にも自動運転を可能とするAIの長所や短所などに触れる論理展開が可能ですね。

　自由英作文では「まだ明確な解答のない新しい変化」はテーマになりやすいと言ってよいと思います。「知らなければ書けない」テーマもたくさんありますから，しっかりとアンテナをはって情報を得ておくようにしましょう。

Useful Expressions

□ ~ while .... 「…の一方で~」
→ 科学が物質的な豊かさをもたらす一方で，芸術は精神的豊かさをもたらす。
While science provides material well-being, art provides spiritual well-being.

□ On (the) one hand ~, but on the other hand ... 「一方で~だが，他方で…」
→ 一方でスマホは我々を自由にしてくれるが，他方でスマホは我々を縛り付けている。
On the one hand, smartphones set us free, but on the other hand, smartphones tie us up.

□ in contrast 「対照的に」
→ 日本人の学生は授業中静かだったが，対照的にアメリカ人の学生は授業中に静かであることがなかった。
The Japanese students were quiet in class, but in contrast, the American students were never quiet in class.

● Model Answer ② 「全て奪うと思う」

　AIs will take all our jobs in the future because technological progress never stops. Human society has evolved by people using tools and machines. For example, human workers are being replaced by robotic arms in factories. In addition, people no longer need to rely on their legs to travel as they can drive a car or take a train instead. The appearance of AIs will lead to humans replacing even their brains with machines. AIs will be much more advanced in the future, and will be able to do everything people can do. If that happens, it is not unreasonable to think all jobs will be taken away from humans. (110)

<訳>

　将来，私たちの仕事はすべてAIに奪われるでしょう。なぜなら，技術の進歩は止まらないからです。人間の社会は人々が道具や機械を使うことで発展してきました。例えば，労働者は工場のロボットアームに置き換えられつつあります。加えて，車や電車を利用することができるため，人々は移動するのに足に頼る必要がなくなりました。AIの導入は，人間が自分の頭脳までも機械に置き換えることにつながっていくのです。AIは将来的に今よりも格段に進歩し，人間ができるあらゆることができるようになるでしょう。そうなった場合，すべての仕事が人間から奪われると考えても無理はないはずです。

Read the following passage, and then for 【1】－【5】 below, either answer the question or complete the sentence given. Choose the best alternative from those given (①－④).

We've all heard of Earth Day, but what is Earth Hour? On March 29, people worldwide are being asked to turn off their lights from 8 to 9 p.m. to raise awareness of serious climate change issues and inspire people to take action. When I first heard about the event I was highly
5 doubtful of its usefulness. My initial reaction was, "What a waste of time and energy for a very small return on reducing global warming. We want people to change their habits, not spend an hour in the dark." But then I thought, "Wait a minute. Let's look into this event a little more before jumping to conclusions. Perhaps some greater good
10 could come from Earth Hour."

How did Earth Hour get started? The World Wildlife Fund's Earth Hour web site indicates it started with a question: How can we inspire people to take action on climate change? They decided to ask the people of Sydney, Australia, to turn off their lights for one hour. The
15 response was enormous with 2.2 million people and 2,100 businesses turning off their lights together for one hour in March of last year, including the landmark Harbor Bridge and Opera House. People from around the world took notice. So this year the World Wildlife Fund is turning the one-city event into a worldwide symbolic movement.

20 In addition to turning off lights, organizers are hopeful that people will make plans for further actions to reduce their energy consumption, like replacing older incandescent bulbs* with modern

fluorescent lights**. The good news is that the price of fluorescent bulbs has really dropped. Home repair centers have 15-watt spiral fluorescent bulbs (which replace those 60-watt incandescent bulbs) for less than a dollar each. The quality of light they produce has also improved, with a softer glow.

We replaced most of the incandescent bulbs with fluorescent spirals in our Victorian home, but I am against putting them in antique lights. I'm sorry but they'd look out of place in a late 1800s dining room chandelier. We were able to slip the low cost bulbs into several antique lights with milk glass shades however, where they were less obvious.

The good thing is that fluorescent bulbs are available in a variety of shapes now, which work beautifully in the antique lights found in so many older homes. These shapes are a bit more expensive than the spirals, but you'll still save money in the long run. Fluorescent bulbs use approximately 75% less electricity, and they last years longer than incandescent bulbs. So go for it and replace the last of your incandescent bulbs as part of your Earth Hour activities.

*incandescent bulbs：白熱電球　　**fluorescent lights：蛍光灯

問1　What is the purpose of Earth Hour?

① To make people turn off lights between 8 and 9 p.m. every night for a year.

② To urge people to spend more time in the dark with their families.

③ To increase people's awareness of changes in the world's climate.

④ To force people to change their habits to save electricity.

問2 How did the idea of Earth Hour begin?

① It began by asking the World Wildlife Fund to start a web site.

② It began as a request for the people of Sydney to turn off their lights for an hour.

③ It began by asking the people of Sydney why they always turned off their lights for one hour.

④ It began after people around the world took notice of the event.

問3 Which one of the following sentences is true?

① The organizers of Earth Hour have replaced incandescent light bulbs with cheap fluorescents.

② The price of fluorescents has decreased to one dollar.

③ It takes four 15-watt fluorescent bulbs to replace one 60-watt incandescent bulb.

④ The quality of light of fluorescents is better than it was before.

問4 Why didn't the writer want to use fluorescent bulbs in the dining room?

① He knew they were the wrong size to fit in the antique lights.

② He didn't want to buy a modern chandelier.

③ He thought it would look ridiculous to have modern bulbs in an antique light.

④ He didn't use the dining room very much and wouldn't save much money.

問5 According to the article,

① fluorescent bulbs will soon become available in many different shapes and sizes.

② fluorescent bulbs last 75% longer than incandescent bulbs.

③ fluorescent bulbs are 75% cheaper to buy than incandescent bulbs.

④ fluorescent bulbs are much more energy-efficient than incandescent bulbs.

• 第1パラグラフ

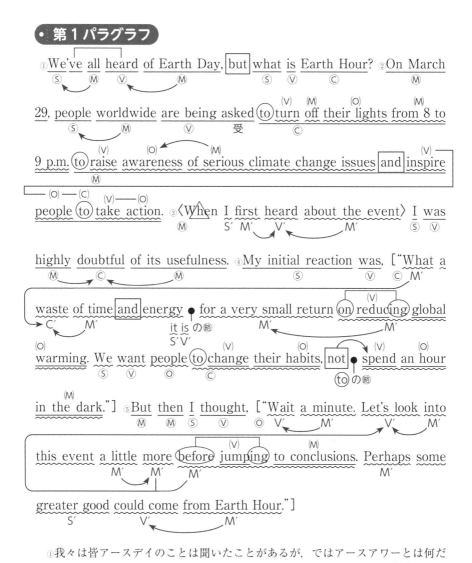

① We've all heard of Earth Day, but what is Earth Hour? ② On March 29, people worldwide are being asked to turn off their lights from 8 to 9 p.m. to raise awareness of serious climate change issues and inspire people to take action. ③ When I first heard about the event I was highly doubtful of its usefulness. ④ My initial reaction was, ["What a waste of time and energy for a very small return on reducing global warming. We want people to change their habits, not spend an hour in the dark."] ⑤ But then I thought, ["Wait a minute. Let's look into this event a little more before jumping to conclusions. Perhaps some greater good could come from Earth Hour."]

①我々は皆アースデイのことは聞いたことがあるが，ではアースアワーとは何だろう。②深刻な気候変動問題への意識を高め，人々が行動を起こすよう鼓舞するために，3月29日の午後8から9時まで明かりを消すように，世界中の人々に求めて

いる活動である。③最初にこのイベントのことを聞いたとき，私はその効果をはなはだ疑問に思った。④私の最初の反応は，「地球温暖化を防ぐ努力にしてはあまりに見返りの少ない，何という時間とエネルギーの無駄だろう。人々にやってもらいたいのは，習慣を変えることであって，1 時間真っ暗にして過ごすことではない」というものであった。⑤しかしその後，私は考えた。「ちょっと待てよ。結論に飛びつく前に，このイベントについてもうちょっと調べてみよう。もしかすると何か大きないいことがアースアワーから生まれてくるかもしれない」。

✅ Word Check

- □ ask O to *do* ～　動「O が～するように求める」
- □ turn off　熟「(明かりなどを)消す」　□ raise　動「高める」
- □ awareness　名「意識」　□ climate　名「気候」
- □ issue　名「問題」
- □ inspire O to *do* ～　動「O が～するように鼓舞する」
- □ take action　熟「行動を起こす」　□ highly　副「はなはだ」
- □ doubtful　形「疑問に思う」　□ usefulness　名「効果，有効性」
- □ initial　形「最初の」　□ reaction　名「反応」
- □ energy　名「エネルギー」　□ reduce　動「抑える」
- □ global warming　「地球温暖化」　□ habit　名「習慣」
- □ look into ～　熟「～を調べる」　□ jump to ～　熟「～に飛びつく」
- □ conclusion　名「結論」

● 第 2 パラグラフ

①How did Earth Hour get started? ②The World Wildlife Fund's Earth Hour web site indicates [▲ it started with a question]: How can we inspire people to take action on climate change? ③They decided to ask the people of Sydney, Australia, to turn off their lights for one hour. ④The response was enormous with 2.2 million people and 2,100

businesses turning off their lights together for one hour in March of

last year, including the landmark Harbor Bridge and Opera House.

⑤People from around the world took notice. ⑥So this year the World

Wildlife Fund is turning the one-city event into a worldwide symbolic

movement.

　①アースアワーはどのようにして始まったのだろうか。②世界野生生物基金
(WWF)のアースアワー・ウェブサイトには，それが次の疑問から始まったことが
示されている——どのようにすれば，人々に，気候変動に対して行動を起こす気に
なってもらえるだろう。③彼らは，オーストラリアのシドニーの住民に，1時間明
かりを消してくれるよう頼むことに決めた。④反応はすさまじく，220万人の人々
と企業2,100社が，去年の3月に1時間，同時に明かりを消し，その中にはハーバー
ブリッジとオペラハウスといった名所も含まれていた。⑤世界中の人々が注目した。
⑥そういうわけで，世界野生生物基金は，この1都市だけだったイベントを，今年
は世界的な象徴的運動に広げようとしている。

✓ Word Check

□ web site 「ウェブサイト」　　　　　□ indicate 動「書く，示す」
□ decided to *do* 〜 熟「〜することに決める」
□ response 名「反応」　　　　　　　　□ enormous 形「すさまじい」
□ including 前「〜を含めて」
□ with *A* …ing 熟「Aが…して」【付帯状況の with】
□ landmark 名「名所，目印となるもの」
□ take notice 熟「注目する」　　　　□ symbolic 形「象徴的な」

108

第3パラグラフ

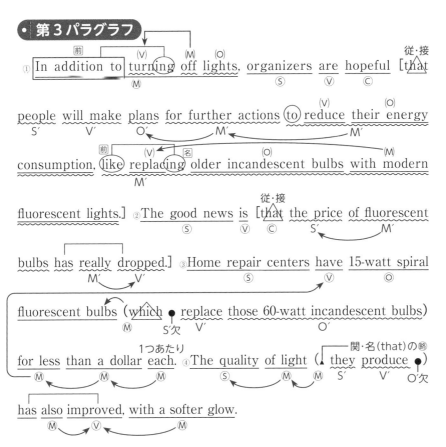

①明かりを消すのに加えて，主催者は，人々がエネルギー消費を抑えるための一歩進んだ行動に対する計画を望んでおり，それは，例えば古い白熱電球を新しい蛍光灯に取り替えるといったようなことである。②よい知らせとしては，蛍光電球の値段が大幅に安くなったことだ。③住宅改修センターでは，15 ワットのスパイラル蛍光灯（60 ワットの白熱電球との交換用）が 1 個 1 ドル以下で買える。④この蛍光灯の出す光の質も，より柔らかな輝きを放つように改善された。

✔ Word Check

- ☐ in addition to ~ 熟「~に加えて」 ☐ organizer 名「主催者」
- ☐ plan 名「計画」 ☐ further 形「一歩進んだ，それ以上の」
- ☐ replace 動「取り替える」 ☐ fluorescent light 「蛍光灯」

109

□ repair 名「改修」　　　□ quality 名「質」
□ improve 動「改善する」　□ soft 形「柔らかな」
□ glow 名「輝き」

● 第4パラグラフ

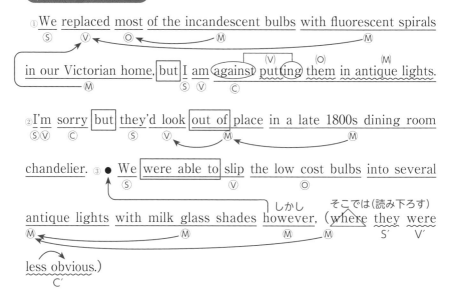

①我々のビクトリア朝風の自宅でも，白熱電球をスパイラル蛍光灯電球に取り
換えたが，アンティークなライトにそれをつけることに対して，私は反対である。
②申し訳ないが，1800年代後期風のダイニングルームのシャンデリアに，蛍光灯は
場違いだ。③しかし，乳白色のかさのついたいくつかのアンティークのライトの中
には，安い蛍光灯電球をそっと取りつけることができた。そこではあまり目立たな
かった。

✓ Word Check

□ antique 形「アンティークの」　　□ out of place 熟「場違いの」
□ chandelier 名「シャンデリア」
□ slip A into B 熟「AをBの中に（そっと）入れる」
□ obvious 形「目立つ」

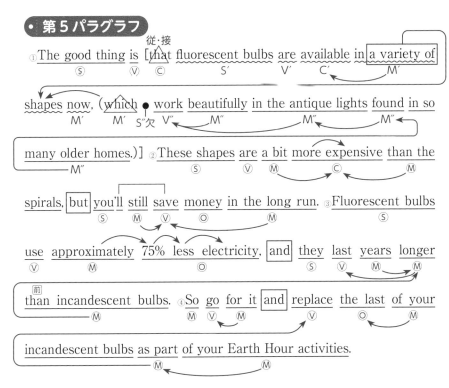

第5パラグラフ

①うまいことに，今では，蛍光灯電球にはいろいろな形をしたものがあり，古い多くの家々にあるアンティークなライトにも見事に合う。②これらの形のものは，スパイラルより少し高価だが，長い目で見ればお金の節約になる。③蛍光灯電球は約75%も電気の節減になり，白熱電球より何年も長持ちするのだ。④そういうわけだから，頑張ってあなたのアースアワー活動の一環として，白熱電球の残りを取り替えよう。

✔ Word Check

- □ available 形「入手できる」
- □ a variety of ～ 熟「いろいろな～」
- □ shape 名「形」　　　　　　　□ expensive 形「(値段が)高い」
- □ spiral 名「らせん，スパイラル」
- □ approximately 副「およそ，約」　□ electricity 名「電気」
- □ Go for it 熟「がんばれ」　　　□ the last 「残りの部分」

第5問 アースアワー

111

○と×の根拠づけをしよう

問1　アースアワーの目的は何か。

思考プロセス

　設問に Earth Hour という言葉が含まれていますから，まずはこの言葉の含まれている第1パラグラフと第2パラグラフに戻って確認していきます。そうすると第2文(On March 29, people ...)に to raise awareness とあり，これが選択肢③では increase people's awareness に書き換えられていることが分かると思います。よって正解は③です。

　①は本文中に「3月29日」にアースアワーを実施すると記述があるのに選択肢では「1年間毎晩」と数字を異ならせることで不正解の選択肢にしていますね。②は記述がありません。④については補足説明を加えます。

① 「1年間の間毎晩午後8時から9時までの間，人々に電気を消させるため」

▶第1パラグラフ第2文(On March 29, people ...)の内容と不一致。

公式 3 ◀ 数値情報のウソ

② 「人々に家族と暗闇の中でより長い時間を過ごすよう促すため」 記述なし

③ 「世界の気候変動に対する人々の意識を高めるため」

▶第1パラグラフ第2文(On March 29, people ...)の内容と一致。これが正解です。

④ 「エネルギーを節約するために人々に習慣を変えることを強制するため」

▶第1パラグラフ第2文（On March 29, people ...）には inspire people to take action とは記述がありますが，それ以外の箇所を見ても意識を高めたり行動をとらせるために鼓舞したりすること以上の働きかけは行っていないと分かります。そのため選択肢中の force が極端な表現を使ったウソだと判断でき，④は不正解となります。

公式 2 ◀極端な言い回しによるウソ

問2　アースアワーというアイデアはどのように始まったか。

思考プロセス

　リード文がアースアワーの「始まり」を聞いているので，第2パラグラフ冒頭に "How did Earth Hour get started?" の文言があることを手掛かりに，ここから確認していきましょう。

　そうすると第2文（The World Wildlife Fund's Earth Hour web site ...）以降の展開で，「どうしたら人々に気候変動に対する行動をとってもらえるかという問い」を出発点に，第3文（They decided to ask ...）の行動に至ったことが読み取れますね。選択肢②が同じ内容を述べていますから，②が正解です。

　①と③は本文中の言葉を組み換えて全く無関係な選択肢となっていますね。④は出来事の前後関係が本文と異なっていますので正解とはなりません。

①「WWF（世界野生生物基金）にウェブページを立ち上げるのを依頼することをきっかけに始まった」

公式 9 ◀本文のフレーズをいくつか組み合わせたウソ

②「シドニーの人々に1時間だけ電気を消すことをお願いすることから始まった」

▶第2パラグラフ第3文(They decided to ask ...)からの内容に一致。これが正解です。

③「シドニーの人々になぜ彼らがいつも1時間電気を消すのか問うことをきっかけに始まった」

▶第2パラグラフ第2文(The World Wildlife Fund's Earth Hour web site ...)からの内容に不一致。"started with a question: 〜"は「〜という問いを出発点にする」の意味で、「質問する」という具体的な動作を意味しているわけではありません。このように言葉を組み換えた選択肢に注意しましょう。　公式 9 ◀本文のフレーズをいくつか組み合わせたウソ

④「世界中の人がアースアワーに注目したことから始まった」

▶第2パラグラフ第5文(People from around the world ...)までに至る内容に不一致。アースアワーがシドニーで実施された後に世界の人々が注目したという記述になっていますね。　公式 8 ◀因果関係・時系列のウソ

問3　以下のうち正しい文はどれか。

思考プロセス

　問題の選択肢中に incandescent light bulbs や fluorescents という言葉があることに着目し，はじめてこれらの用語が登場する(初出なので注釈が付いていますね)第3パラグラフに戻って読んでいきます。そうすると第4文(The quality of light ...)の内容が選択肢④と一致していることがわかりますので，これが正解です。今回は勉強になる選択肢ばかりですので徹底解説です。

①「アースアワーの主催者たちは白熱電球を安価な蛍光灯に取りかえた」

▶第3パラグラフ第1文(In addition to turning off lights, ...)の内容と

不一致。主催者は「取りかえてくれることを期待した」だけですね。このように，「期待した」り，「やろうとした」りしただけのことを「実際にやった」こととして書くひっかけはよく登場します。気を付けましょう。関連する内容を含む第4パラグラフ1文（We replaced most of the ...）の主語も We であり，「主催者」とはなっていません。

公式 2 ◀ 極端な言い回しによるウソ　　公式 4 ◀ 主体のウソ

② 「蛍光灯の価格は1ドルまで下がった」

▶ 第3パラグラフ第3文（Home repair centers have ...）には「15ワットの蛍光灯がひとつ1ドル以下」という記述がありますね。まずは価格の情報が間違っている点に着目して欲しいですが，それよりも着目してほしいのは選択肢の主語です。

　本文ではあくまで15ワットの蛍光灯に限ってその価格が下がっていることを述べているだけです。ところが，選択肢ではこの「15ワットの」という文言が消えてしまっています。これでは，15ワットの蛍光灯以外の蛍光灯までも含まれることとなってしまい，本文の内容よりも対象範囲の広い表現になってしまっています。したがって，本文よりも極端な言い回しを使っているこの選択肢は誤りとなります。

公式 2 ◀ 極端な言い回しによるウソ　　公式 3 ◀ 数値情報のウソ

③ 「60ワットの白熱電球1つを置き換えるには15ワットの蛍光灯電球が4つ必要である」

▶ 第3パラグラフ第3文（Home repair centers have ...）の内容と不一致。15ワットの蛍光灯1つが60ワットの白熱電球1つと置き換わるとカッコ内に記述がありますね。

公式 3 ◀ 数値情報のウソ

④ 「蛍光灯の光の質は以前よりも良くなっている」

▶第3パラグラフ第4文(The quality of light ...)の内容と一致。これが正解です。

問4　筆者はなぜダイニングルームには蛍光灯電球を使いたくなかったのか。

思考プロセス

　設問にある「筆者」が「使いたくなかった」という記述から，"We replaced ..."と，筆者も含めた主語が電灯を変えたという記述から始まる第4パラグラフを読んでいきます。

　そうすると第2文(I'm sorry but they'd ...)に，"look out of place"と記述があります。"look out of place"で「場違いの／不適当な」の意味ですから，これが選択肢③の"look ridiculous"に書き換えられていることが分かりますね。したがって③が正解です。①はこの部分を「サイズの違い」と入れ換えて引っかけようとしていますね。本文中のその後の部分を雑に読んで，"slip ... into ..."や次のパラグラフの"a variety of shapes"をいいかげんにつなぎ合わせると，こうした選択肢に足元をすくわれます。気を付けましょう。

　選択肢②，④は記述がありません。

① 「蛍光灯のサイズがアンティークの電灯には合わないと知っていたから」
公式 9 ◀本文のフレーズをいくつか組み合わせたウソ

② 「現代的なシャンデリアを買いたくなかったから」　　　記述なし

③「アンティークの照明に現代の電球を使うのはおかしいと思ったから」
▶第4パラグラフ第2文(I'm sorry but they'd ...)の内容に一致。これが正解です。

④「ダイニングルームをあまり使わなかったため，あまり節約にはなら
　ないだろうから」　　　　　　　　　　　　　　　　　記述なし

問5　記事によると，_____。

思考プロセス🔧

　　選択肢に「形状」や「高い・安い」のような表現があることを確認
し，第1文でそうした内容に触れている第5パラグラフに戻って読ん
でいきます。そうすると第3文（Fluorescent bulbs use approximately
...）の内容と選択肢④が一致していることが分かりますね。その文の中
の"approximately 75% less electricity"という記述が，選択肢中では
energy-efficient と言い換えられているわけです。

　　したがって，選択肢④が正解です。正解の選択肢は究極的には全て本
文の「言い換え」なのです。しっかりと気づけるようにしていきましょ
う。選択肢③については補足説明を加えます。

①「蛍光灯電球はまもなく様々な形状やサイズで使用可能になるだろう」
▶第5パラグラフ第1文（The good thing is that ...）の内容に不一致。
　　　　　　　　　　　　　　　　公式 8 ◀因果関係・時系列のウソ

②「蛍光灯電球は白熱電球よりも 75％長持ちする」
▶第5パラグラフ第3文（Fluorescent bulbs use approximately ...）の内
　容に不一致。　　　　公式 9 ◀本文のフレーズをいくつか組み合わせたウソ

③「蛍光灯電球は白熱電球よりも 75％価格が安い」
▶第5パラグラフ第2文（These shapes are a bit more expensive ...）の
　内容と関連するように思えますが，本文中では様々な形状の蛍光灯電
　球はスパイラル型のものよりも少し価格が高いと述べているだけで

す。つまり，選択肢は過度に一般化されてしまっているわけです。また75％という数字も本文中では消費電力に関して登場するだけで価格とは無関係な数値です。 公式 2 ◀極端な言い回しによるウソ

公式 9 ◀本文のフレーズをいくつか組み合わせたウソ

④「蛍光灯電球は白熱電球よりもはるかにエネルギー効率がよい」

▶第5パラグラフ第3文(Fluorescent bulbs use approximately ...)の内容と一致。これが正解です。

[正解] 問1 ③　　問2 ②　　問3 ④　　問4 ③　　問5 ④

GRAMMAR FOR READING ⑤
不定詞の名詞的用法

■ 不定詞の名詞的用法

第 2 パラグラフ第 3 文 They decided to ask ...のように，不定詞のカタマリ（句）が V の後に置かれ，O の働きになる場合があります。

「不定詞のカタマリが，O の働きになる」ということは……「不定詞句が，名詞の働きになる」と言ってもほぼ同じことです（名詞は，S/O/C など英文の中心になることが多いですね）。

こういった不定詞のカタマリ（句）を，【不定詞の名詞的用法】と呼ぶことがあります。不定詞句が，名詞の働き（今回で言うと O の働き）をしているのでこのように呼ばれています。

たとえば，He hopes **to meet you**.「彼はあなたに会うことを希望している」といった英文で使われている to meet you の部分も，【不定詞の名詞的用法】です。

このように呼ばれるわけは，不定詞のカタマリが hopes「～を希望する」に対する O になっており，これは，不定詞句が名詞の働きをしているから，とも言えますね。名詞の働きをするから，名詞的用法です。

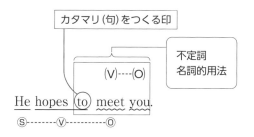

もし，この不定詞のカタマリの位置に，従属接続詞 that のカタマリが来るなら，このときの that のカタマリは，hopes に対する O の働き

第5問・アースアワー

119

をしており, これは, **名詞の働きをしている**, とも言えますね。ですから, こういった際の that のカタマリは, **名詞節**ということになるわけです。

「節」とは, カタマリの内部に S′ V′ ...（従属節）を含むカタマリのことを言います。

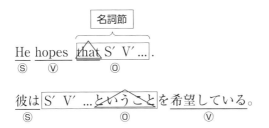

話を不定詞に戻します。He hopes **to meet you**. 「彼はあなたに会うことを希望している」という英文ですが, 本文の品詞分解では, 先ほどの説明とわざと分析法（切り方）を変えています。長文読解の際にはこの「不定詞が名詞的用法である」という点はそれほど重要ではありません。**意味がスピーディーに取れる**, という点がより重要なのです。

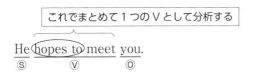

そのためには, hopes to + *do*（原形）～の部分をまとめて一気に V と考えてください。

「～すること(O)を希望する(V)」といった**名詞的用法の不定詞（～すること）**を強く意識した訳ではなく,「～しようと思っている（～したがっている）」のように訳しておけば OK です。

同じようなパターンで頻出の表現がありますから, これらもチェックしておきましょう。

```
want to + do（原形）～    「～することを望む」
                      ⇒「～しようと思う」
like to + do（原形）～    「～することを好む」
                      ⇒「～したがる」
try to + do（原形）～     「～することを試みる」
                      ⇒「～（し）ようとする」
manage to + do（原形）～「～することを成し遂げる」
                      ⇒「どうにか～する」
```

■ 関係副詞 where の非制限用法

　第4パラグラフ最終文。**where** は，関係副詞で，M のカタマリをつくります。where のカタマリは，前方にある，場所の名詞（先行詞）に具体的説明を加えます。実際の試験会場では，主節と（関係副詞のカタマリ）をいったん切って，2つの文があるイメージで理解すると，読みやすいでしょう。

　このとき，関係副詞の where は，「**そこでは（そこには）**」のように訳しておけば良いでしょう。where「そこでは」というのは，先行詞の場所の名詞を指している点に注意しましょう。

We used to buy things at local stores, **where** we knew the owners.
「私たちは，かつては地元の商店で物を買ったものだった。**そこでは，私たちは商店主と知り合いであったものだった**」

語数の "配分" と "専門用語"

　今回の英文は「環境問題」に関するものでしたね。これはライティングでも「鉄板ネタ」であることは言うまでもありません。では，今日のライティングテーマを見てみましょう。

> The world faces various environmental issues today. Which problem do you think is the biggest? Why do you think so? Also, what actions do you think should be taken to solve the issue? Write about 100 words in English.

　「環境問題の中で最も重大だとあなたが考えるものとその解決策」に関する問いですね。こうした出題は「知らないとそもそも書けない」ものですから，事前の準備が欠かせません。

　加えて，今回の【①環境問題をひとつ提示し，それを選んだ理由を述べる→②その問題の解決策を述べる】という出題のように，**書くべき項目が複数にわたる場合には，「どのくらいの語数をどこに割り当てるか」という意識をしっかりもって解答にあたる必要があります。**

　高校生が書く英文は概ね平均【1 sentence＝10〜15words】だと言われています。【"100 words程度" ならば7〜8文書ける】という意識で構成をしっかりとし，「語数が足りなくて問いに半分しか答えられなかった」というようなことがないようにしましょう。

　では，頑張ってください。

● Model Answer ① 「地球温暖化」

　では，モデルアンサーです。地球温暖化が最も重大な問題だとして書いた答案を見てみましょう。

> I think global warming is the biggest problem. It is said that the sea level has risen 19 centimeters in the past 100 years. Tackling this problem is the most vital mission of the people of the world. To solve

this problem, efforts must be made at both the individual and national levels. On the individual level, each of us needs to change how we live our lives, such as by using bicycles instead of cars, or by turning off lights when we leave rooms. On the national level, governments need to start larger initiatives. For example, to prevent deforestation and desertification, national governments can promote afforestation and reforestation. (109)

＜訳＞
　私は地球温暖化が最も重大だと思います。この100年で海面が19cmも上昇したと言われています。この問題に取り組むことは，今の世界に暮らす人間の最も重要な使命なのです。この問題を解決するためには，個人レベル，国家レベルでの取り組みが不可欠です。私たち一人一人が，車ではなく自転車を使う，部屋を出る際は照明を消すなど，暮らし方を変えていく必要があります。国家レベルでは，政府はもっと大きな枠組みでの取り組みを始める必要があります。例えば，森林破壊や砂漠化を防ぐためには，国が森林再生や植林を推進することが重要です。

　まず，最も重大な環境問題として地球温暖化を挙げ，その理由として過去100年間での海面上昇の程度に触れ，こうした世界を生んだ私たちにとってはこの問題こそが重大だ，としています。

　この展開が可能なのは，「海面上昇の原因たる温室効果ガス排出は現代の生活スタイルが主な原因」であると言えるためです。その上で，続く文ですぐに解決策の提示に入っていますね。個人レベルと国家レベルで取り組みを分けてとり上げ，十分に具体化し説明をしています。

　今回書いたのは7文です。**各部分にいくつの文を割り当てているか**も確認してみてください。さて，今回のポイントは高校生にとって少し耳の痛い話かもしれません。

●「簡単な表現への言い換え」に甘えすぎない

　今回は【"専門用語"はしっかり覚えてちゃんと使う】ことをポイントとして取り上げたいと思います。今回の解答では「地球温暖化」，「森林破壊」，「砂漠化」，「森林再生」，「植林」といった言葉が登場しています。そのテーマを論

じる際に特に必要となる言葉を"専門用語"と呼ぶとすれば，そうした"専門用語"はちゃんと使おう，というのが今日伝えたいことです。

　大学受験や資格試験の受検では，「**難しい表現は使わずなるべく簡単な表現に言い換える**」ことが重要だと指導されます。**自分の手に余る難解な表現を使うことで「何が言いたいのか分からない文章」を書いてしまうのは避けるべき**ですから，この指導は正しいと言えます。

　ただ，学習者の中にはこの指導を取り違え，なんでも「簡単な表現に言い換えてしまえばいい」と考えてしまう人がいます。それはとても危険な考え方です。

　たとえば今回の解答で，global warmingが難しいからという理由で言い換えるとしたら，どうなるでしょうか。

> I think the biggest problem is the increase in temperature of the earth's atmosphere caused by the increase of particular gases.

なんて言わなくてはいけないかもしれません。かえって手間ですね。（こんな人はいないでしょうが，笑）

　"専門用語"は難しいこともありますが，ちゃんと使えば強力な武器になります。「**覚える手間を惜しんでかえって手間がかかってしまう**」ということの**ないようにしましょう。**

　「**環境**」に関する問題は昔から出題されていますが，少し遡るだけでも2009年に甲南大学で「日本のリサイクルや環境問題について」の出題があり，今回出題した問題と同様の問題が2014年に宮城教育大学でなされています。2020年にも岡山大学や埼玉大学で環境問題は出題されていますから，変わらず重要テーマであると言えます。

　今回の【Useful Expressions】では，関連する"専門用語"を扱っておきますから，しっかり覚えてしまいましょう。

Useful Expressions

□ greenhouse gas「温室効果ガス」
□ fossil fuel「化石燃料」
□ flood「洪水」
□ drought「干ばつ」
　→ 化石燃料の使用によって発生した温室効果ガスの増加は洪水や干
　　ばつの原因となっている。
　　The increase in greenhouse gases emitted by the use of
　　fossil fuels is causing floods and droughts.
□ renewable energy「再生可能エネルギー」
□ exhaustible energy「枯渇性エネルギー」
　※「○○エネルギー源」を表す場合にはsourcesなどを付ける
□ electric car「電気自動車」
□ fuel cell「燃料電池」
　→ 将来的には化石燃料や核などの枯渇性エネルギーは太陽光や風力
　　などの再生可能エネルギーに置き換わり，全ての車が燃料電池で
　　走る電気自動車に変わるだろう。
　　In the future, exhaustible energy sources such as fossil fuels
　　and nuclear will be replaced by renewable energy sources
　　such as sunlight and wind, and all cars will be replaced by
　　electric cars using fuel cells.

● Model Answer ②　「ゴミ問題」──────────────

　I think the garbage problem is the biggest issue. Everyone produces
garbage, so it is the most immediate problem that we should focus on.
In order to solve this problem, it is essential to thoroughly promote the
3Rs. First, we should reduce waste by taking such actions as using eco-
friendly bags and not buying unnecessary items. Second, we should
reuse things. Buying refillable products is one way of doing this. Third,

we should recycle things, such as by recovering precious metals from computer parts. If these efforts become more widespread, the problem can be solved. (95)

<訳>

　ゴミ問題が最も重大な問題だと思います。誰でもゴミを生み出します。ですから，この身近な問題にこそ力を入れるべきなのです。この問題を解決するためには，3Rの徹底が不可欠です。まず，エコバッグを使う，不要なものを買わないなど，ゴミを減らすこと（リデュース）です。2つ目は，ものを再利用すること（リユース）です。詰め替え用の製品を購入するのも一つの方法です。3つ目は，パソコンの部品から貴金属を回収するなど，再生利用すること（リサイクル）です。このような取り組みがもっと広がれば，問題は解決できるでしょう。

第6問

次の文章を読み，後の問い(問 1 〜 4)に答えなさい。

Art and science may seem like polar opposites. One involves the creative flow of ideas, and the other cold, hard data — or so some people believe. In fact, the two have much in common. Both require a lot of creativity. People also use both to better understand the world around us. Now, a study finds, art also can help students remember ₅ better what they learned in science class.

Mariale Hardiman is an education specialist at Johns Hopkins University. Back when she was a school principal, she had noticed that students who used art in the classroom were more engaged. They might listen more intently. They might ask more questions. ₁₀ They might volunteer more ideas. What's more, students seemed to remember more of what they had been taught when their lessons had involved art. But Hardiman knew the only way to test whether and how well art might really improve learning was to test it with an experiment. So she teamed up with other Johns Hopkins researchers ₁₅ and six local schools.

The researchers worked with teachers in 16 fifth-grade classrooms. The scientists took the traditional science lessons and created art-focused versions of them. In a traditional science classroom, for instance, students might read aloud from a book. In the art-focused ₂₀ class, they might now sing or rap the information instead. Another example: Traditional science classes often use charts and graphs. The art classrooms instead had students create collages and other types of art. Everyone would get the same information — just learn it in different ways.

The team then randomly assigned each of the 350 students to either a traditional science classroom or an art-focused one. Students then learned science using that approach for the entire unit — about three weeks. When they switched to a new topic, they also changed to the other type of class. This way, each student had both an art-focused class and a standard one. Every unit was taught both ways, to different groups of students. This let the researchers see how students did in both types of classes.

Before and after each phase of the experiment, students took tests. They took a third one 10 weeks later. This one measured how well they still remembered what they learned two months earlier. The research team also looked at how well each student performed on the state reading test*. This let them compare how art and non-art classrooms affected students with different types of learning abilities.

Students who read at or above their grade level did just as well in both types of classes. Those who had lower reading scores gained much more of the science if it had been taught in an art-focused class. In some cases, Hardiman says, kids actually performed better in the third test, months later, than in those taken earlier.

(注)the state reading test「州統一読解テスト」

(Adapted from "Art can make science easier to remember" <https://www.sciencenewsforstudents.org/article/art-can-make-science-easier-remember>)

問1　What had Mariale Hardiman noticed about students who used art in the classroom when she was a school principal?

① They were more popular among classmates.

② They participated in class more actively.

③ They were distracted from studying.

④ They kept their ideas to themselves.

問2　What was the purpose of Mariale Hardiman and her team's experiment?

① To find out which requires more creativity, art or science.

② To find out if students who listen more intently ask more questions.

③ To find out whether students who volunteer are better learners.

④ To find out whether and to what extent art helps students learn.

問3　Which is an example of what "the art-focused class" was like in this experiment?

① Students read aloud what is written in a book.

② Students sang or rapped what they had to learn.

③ Charts and graphs were used to present data.

④ Teachers and students painted pictures to present data.

問4　What did the students who participated in this experiment do?

① Each student studied either art or science for about three weeks.

② Each student studied both art and science for about six weeks.

③ Each student was exposed to both art-focused and traditional instruction.

④ Each student took a reading test two months before the experiment.

第6問 科学と芸術

第1パラグラフ

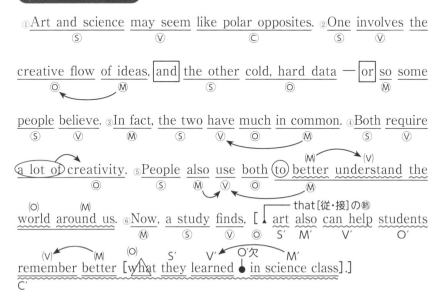

①芸術と科学は一見正反対のもののように見えるかもしれない。②1つは創造的なアイデアの流れ，もう1つは感情のこもらない客観的なデータであると，一部の人は信じている。③実際は，この2つには多くの共通点がある。④どちらにも多くの創造性が必要である。⑤また，人は周りの世界をより良く理解するためにその両方を用いている。⑥さて，ある研究によると，生徒が科学の授業で学んだことをよく覚えるには芸術も役に立つという。

✓ Word Check

- □ polar opposite 「正反対，両極」
- □ involve 動「～を含む，必要とする」
- □ flow 名「流れ」　　　　　　　　　　□ cold 形「客観的な」
- □ hard 形「(事実・証拠などが)確かな，明白な」
- □ have 動「(性質として)持っている」　□ in common 熟「共通して」
- □ help O to *do* 熟「O が～するのに役立つ」

• 第2パラグラフ

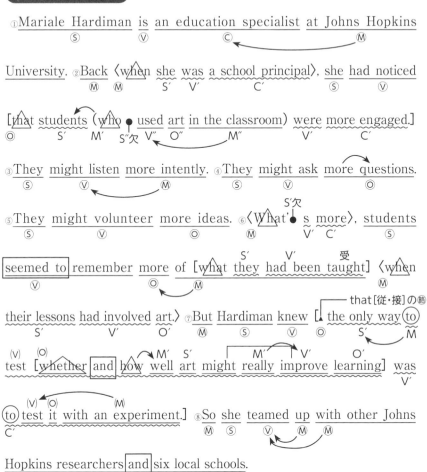

①マリエル・ハーディマンは，ジョンズ・ホプキンス大学の教育専門家である。②以前，彼女が校長であったとき，授業で芸術を用いた生徒の方がより積極的であったことに気づいた。③彼らはより熱心に聞いた。④彼らはより多くの質問をした。⑤彼らはより積極的に自らの考えを述べた。⑥さらに，授業に芸術が絡んでいる場合，生徒は教えられたことをより良く覚えているようであった。⑦しかしハーディマンは，芸術が学習を本当に良くしているかを試す唯一の方法は，実験でそれを試すこ

とであると知っていた。⑧そこで，彼女はジョンズ・ホプキンスの他の研究者および地域の6つの学校でチームを組んだ。

✓ Word Check

- □ education 名「教育」
- □ principal 名「校長」
- □ engage 動「参加する」
- □ volunteer 動「自発的に申し出る」
- □ seem to 熟「〜のようである」
- □ involve 動「含む」
- □ experiment 名「実験」
- □ local 形「地域の」

- □ specialist 名「専門家」
- □ notice 動「気づく」
- □ intently 副「熱心に」

- □ improve 動「よくする，向上させる」
- □ team 動「チームにまとめる」

● 第3パラグラフ

①The researchers worked with teachers in 16 fifth-grade classrooms.
S   V   M   M

②The scientists took the traditional science lessons and created art-
S   V   O   V

focused versions of them. ③In a traditional science classroom, for
O   M   M

instance, students might read aloud from a book. ④In the art-focused
M   S   V   M   M   M

class, they might now sing or rap the information instead. ⑤Another
S   M   V   V   O   M   体言止め

example: Traditional science classes often use charts and graphs. ⑥The
S   M   V   O

art classrooms instead had students create collages and other types
S   M   V   O   (V)   (O)   (M)
                                          C

<u>of art.</u> (O) ⑦<u>Everyone</u>(S) <u>would get</u>(V) <u>the same information</u>(O) — just(M) <u>learn</u>(V) <u>it</u>(O) in(M)

<u>different ways.</u>

①研究者たちは，16 の 5 年生の教室で教師と協力した。②科学者たちは，従来の科学の授業を用いて，芸術を重視した科学の授業を作成した。③たとえば従来の科学の授業では，生徒は本を朗読することがある。④芸術重視の授業では，代わりに情報を歌ったりビートに乗せてしゃべったりする。⑤別の例として，従来の科学の授業では表やグラフを使用することが多い。⑥芸術を重視した授業では，代わりに生徒にコラージュや他の種類の芸術を作成してもらった。⑦得る情報は全員同じであるが，学ぶ方法が異なるのである。

✔ Word Check

- □ grade 名「学年」
- □ aloud 副「声に出して」
- □ chart 名「表」
- □ traditional 形「従来の」
- □ instead 副「代わりに」

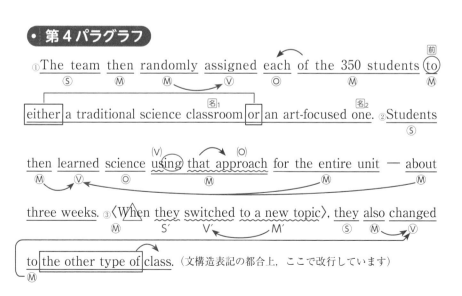

● 第 4 パラグラフ

①<u>The team</u>(S) then(M) randomly(M) <u>assigned</u>(V) <u>each</u>(O) of the 350 students(M) 前(to)(M)

either a traditional science classroom 名₁ or an art-focused one. 名₂ ②<u>Students</u>(S)

then(M) <u>learned</u>(V) <u>science</u>(O) (V)(using) that approach(O)(M) for the entire unit(M) — about(M)

<u>three weeks.</u> ③〈When(M) they(S′) switched(V′) to a new topic(M′)〉, they(S) also(M) changed(V)

to the other type of(M) class. （文構造表記の都合上，ここで改行しています）

第 6 問 科学と芸術

133

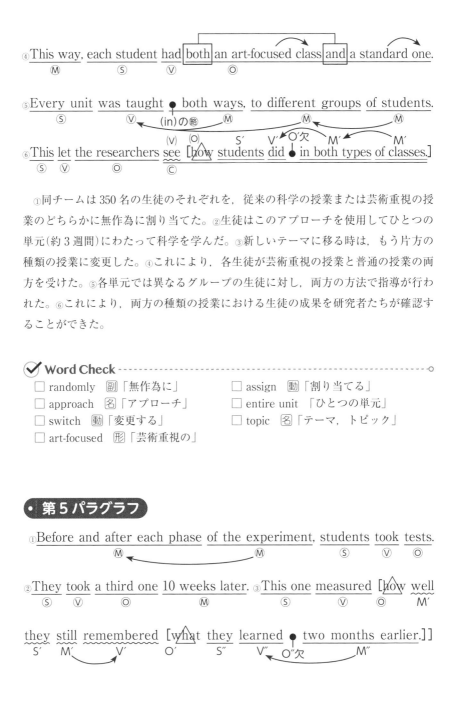

④This way, each student had both an art-focused class and a standard one.
　Ⓜ　　　　Ⓢ　　　Ⓥ　　　Ⓞ

⑤Every unit was taught ● both ways, to different groups of students.
　Ⓢ　　　　Ⓥ　(in)の略　Ⓜ　　　　　　Ⓜ　　　　　　　　Ⓜ

⑥This let the researchers see [how students did ● in both types of classes.]
　Ⓢ　Ⓥ　　　Ⓞ　　　　Ⓒ　　S′　　　V′　O″欠　　M′　　　　　M′

①同チームは 350 名の生徒のそれぞれを，従来の科学の授業または芸術重視の授業のどちらかに無作為に割り当てた。②生徒はこのアプローチを使用してひとつの単元(約 3 週間)にわたって科学を学んだ。③新しいテーマに移る時は，もう片方の種類の授業に変更した。④これにより，各生徒が芸術重視の授業と普通の授業の両方を受けた。⑤各単元では異なるグループの生徒に対し，両方の方法で指導が行われた。⑥これにより，両方の種類の授業における生徒の成果を研究者たちが確認することができた。

✓ Word Check
- [ ] randomly 副「無作為に」
- [ ] approach 名「アプローチ」
- [ ] switch 動「変更する」
- [ ] art-focused 形「芸術重視の」
- [ ] assign 動「割り当てる」
- [ ] entire unit 「ひとつの単元」
- [ ] topic 名「テーマ，トピック」

● 第5パラグラフ

①Before and after each phase of the experiment, students took tests.
　　　　Ⓜ　　　　　　　　　　Ⓜ　　　　　　　Ⓢ　　　Ⓥ　　Ⓞ

②They took a third one 10 weeks later. ③This one measured [how well
　Ⓢ　Ⓥ　　　Ⓞ　　　　　Ⓜ　　　　Ⓢ　　　Ⓥ　　Ⓞ　　M′

they still remembered [what they learned ● two months earlier.]]
　S′　M′　　V′　　　　O′　S″　　V″　O″欠　　　　M″

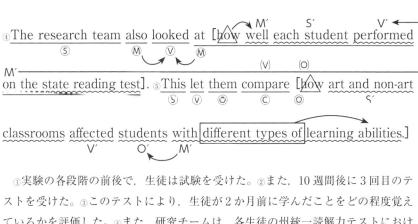

①実験の各段階の前後で，生徒は試験を受けた。②また，10週間後に3回目のテストを受けた。③このテストにより，生徒が2か月前に学んだことをどの程度覚えているかを評価した。④また，研究チームは，各生徒の州統一読解力テストにおける点数についても調査した。⑤これにより，芸術授業と非芸術授業が，さまざまな学習能力の生徒にどのような影響を与えたかを比較することができた。

✔ **Word Check** ┄┄┄┄┄┄┄┄┄┄┄┄┄┄┄┄┄┄┄┄┄┄┄┄┄┄┄┄┄┄┄┄┄┄┄┄
- [ ] measure 動「評価する」　　　　[ ] perform 動「行う，成し遂げる」
- [ ] compare 動「比較する」　　　　[ ] ability 名「能力」

● 第6パラグラフ

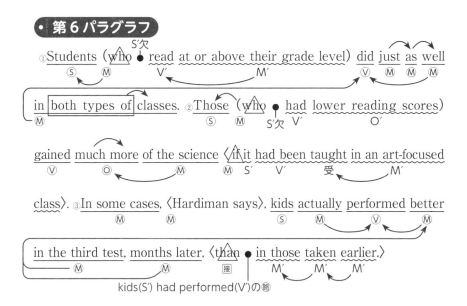

①5年生レベル以上の読解力を持つ生徒は，どちらの種類の授業でも同程度に良い成績を残した。②読解力の低い生徒は，芸術重視の授業で教わった場合，はるかに高い科学の点数を得た。③場合によっては，子供は3回目のテストでの方が，それより早く行うテストよりも実際に良い点数を取る場合がある，とハーディマンは言う。

✔ **Word Check** ┄┄┄┄┄┄┄┄┄┄┄┄┄┄┄┄┄┄┄┄┄┄┄┄┄┄┄┄┄┄┄┄┄┄┄◦
　□ above　前「～より上の」　　　□ low　形「低い」
　□ score　名「点数」

○と×の根拠づけをしよう

問1　マリエル・ハーディマンが校長であったときに授業で芸術を用いた生徒について気づいたことは何か。

思考プロセス

　リード文に登場する Mariale Hardiman という名前が第2パラグラフ第1文に確認できますね。まずはこれを手掛かりにしましょう。**固有名詞は解答の根拠を探す上で重視してよい情報の一つです。**

　そうすると，このパラグラフの第2文(Back when she was ...)の内容に一致している②が正解の選択肢だと分かります。

　なお，本文中該当箇所の **more engaged** は「**積極的に関わる**」というくらいの意味ですから，選択肢はこの内容を言い換えたものです。

　さて，今回は他の選択肢全てを徹底解説してみましょう。

① 「授業で芸術を用いた生徒はクラスメイトの間でより人気があった」
▶ 第2パラグラフ第2文(Back when she was ...)の内容に関わります。ただ，クラスメイトの間での人気については記述がありませんね。しっかりと最後まで確認した上で【記述なし】と判断しましょう。いつでも

「記述なし」という判断は慎重にしてくださいね。　　　　記述なし

② 「授業で芸術を用いた生徒は授業により積極的に参加した」
▶正解

③ 「授業で芸術を用いた生徒は学習に集中できていなかった」
▶第2パラグラフ第2文(Back when she was ...)の内容と関わりますが,第2文以降の内容を見ても芸術を用いた生徒は学習に集中できていたことが分かりますね。選択肢が本文とは反対の内容になっていることを確認しましょう。なお,**distract A from B** で「A(の注意)をBからそらす」の意味です。公式 1 ◀肯定否定, 反対語によるウソ

④ 「授業で芸術を用いた生徒は自分たちのアイデアを秘密にしていた」
▶選択肢で使われている **keep A to oneself** の表現は,「Aを自身の内側にとどめておく」ことから,「**A を秘密にしておく**」ことを意味します。

　この表現を知らなかった人は,「考えを内側にとどめておく」ことを「覚えている」と結びつけ,この選択肢が第2パラグラフ第6文(What's more, students seemed ...)の内容と一致していると考えてしまったかもしれませんね。熟語を知らないことで答えを選び間違えてしまうこともあるのです。しっかりと単語・熟語にも取り組みましょう。　　　　記述なし

問2　マリエル・ハーディマンと彼女の研究チームが行った実験の目的は何であったか。

思考プロセス ⚙

Mariale Hardiman という固有名詞を手がかりに第2パラグラフを読

み進めます。そうすると，第7文（But Hardiman knew ...）に with an experiment という表現が，第8文（So she teamed up ...）に teamed up with other Johns Hopkins researchers という表現がそれぞれあります
ね。これらが設問文では言い換えられているわけです。

さて，この第7文（But Hardiman knew ...）に whether and how well art might really improve learning を調査する唯一の方法は…，という
記述がありますね。【「それ（whether 以下）を調べるための唯一の方法」
（S：主語）が to test it with an experiment（C：補語）】なのですから，
この文の主語（上記の下線部分）が purpose を表しているわけです。

したがって，この部分の言い換えとなっている④が正解だと分かりま
す。①については記述がありませんね。②と③についてはポイント解説
です。

① 「芸術と科学，どちらが創造性をより必要とするかを調べるため」

記述なし

② 「より熱心に聞く生徒がより多く質問するのかを調べるため」

▶ 第2パラグラフ第3文（They might listen ...）と第4文（They might ask ...）に近い内容が書かれていますね。ただ，この部分は more engaged であることの具体的な説明として列挙されているだけの情報
ですから，選択肢のような関係にはありません。本文中の言葉を組み
替えて全く関連性のない内容とするこうした選択肢に気を付けましょ
う。　　　　　　　　 公式9 ◀本文のフレーズをいくつか組み合わせたウソ

③ 「ボランティア活動をする生徒がより優れた学習者であるかを調べる
ため」

▶ 第2パラグラフ第5文（They might volunteer ...）に volunteer という

単語はありますが，ここでは volunteer *A* のかたち，つまり名詞（目的語）をとる他動詞として「A を自発的に申し出る」の意味で使われています。

選択肢の volunteer は名詞が後ろに置かれていませんから，自動詞で使われていることがわかるでしょうか。本文中の言葉を組み替えた結果，全く無関係の内容になってしまっており，不正解となるわけです。

公式 9 ◀本文のフレーズをいくつか組み合わせたウソ

④「芸術が生徒の学習に役立つか，役立つとしてどの程度役立つのかを調べるため」

▶正解

問3　この実験における「芸術に重きを置いた授業」とはどのようなものであったについての例はどれか。

思考プロセス

リード文は this experiment の an example を聞いているので，該当する情報を述べているパラグラフを探しましょう。そうすると，第3パラグラフ以降に実際の実験方法が述べられていたことに気付くはずです。

読んでいくと，同じパラグラフの第3文(In a traditional science classroom ...)以下に，for instance など例示に関わる表現が出てきていますから，このあたりを重点的に確認しましょう。

そうすると，第4文(In the art-focused class, ...)に「芸術に重きを置いた科学の授業」の例として，選択肢と同様の記述が出てきますね。したがって，②が正解です。今回は勉強になる選択肢が多いので残りの選択肢も徹底解説です。

①「生徒は本に書かれている内容を音読した」

▶第3パラグラフ第2文（The scientists took ...）で「伝統的な科学の授業」と「芸術に重きを置いた科学の授業」の2つが挙げられていますね。その上で，続く第3文（In a traditional science classroom ...）で「伝統的な科学の授業」の内容の例示として，選択肢にある「本（教科書）の音読」が登場しています。選択肢の内容は対比関係にあるもう一方に関する情報ですから，リード文に答えておらず誤りとなります。試験の限られた時間の中で焦っていると，こうした「問われている方ではない選択肢」をうっかり選んでしまうことがあります。一番悔しい間違え方ですので十分気を付けましょう。

公式10◀リード文に答えていないウソ

② 「生徒は学習する内容を歌ったりラップしたりした」
▶正解

③ 「データを提示するために図やグラフが使われた」
▶第3パラグラフ第5文（Another example: Traditional science classes ...）に同様の記述がありますが，これは「伝統的な科学の授業」に関する例ですね。したがって，問われている内容とは異なる選択肢です。

公式10◀リード文に答えていないウソ

④ 「データを提示するために教師と生徒が絵を描いた」
▶第3パラグラフ第6文（The art classrooms instead ...）に「（図やグラフを用いるかわりに）コラージュや他の種類のアートをつくった」とありますね。「絵を描く」ことは「他の種類のアート」に含まれそうですから，合っているように思った人もいるかもしれません。

しかし，本文では had students create collages となっており，学習のためにアート作品をつくっているのは生徒のみだと書いてあるこ

とに注目してください。選択肢には Teachers and students とあり，主語が異なるため誤りなのです。**主体の違いによるひっかけに注意しましょう。**

公式 4 ◂主体のウソ

問4　この実験に参加した生徒は何をしたか。

思考プロセス

　この問題は少々難問です。なぜでしょうか。それは設問文の問いの答えの根拠を求め得る箇所が3〜5までの複数パラグラフに渡っているからです。長文問題は「1パラグラフ1設問」というルールで作られているわけではありません。しっかりと**文章全体に目を通して問題を解く意識**を常に持ちましょう。

　本問の解答としては，第4パラグラフ第3文（When they switched ...）と第4文（This way, each student ...）に「生徒たちは単元が変わったときに指導方法を切り替えることで全員が両方の授業形式で学ぶ」という内容が記述されていることに着目しましょう。この内容と一致する③が正解です。今回も，他の選択肢も徹底解説しておきますよ。

①「各生徒は芸術か科学のどちらかを約3週間勉強した」

▶第4パラグラフ第2文（Students then learned science ...）に，生徒たちは「伝統的な科学の授業」か「芸術に重きを置いた科学の授業」のどちらかで「科学を学んだ」ことが記述されていますね。

　したがって，異なる方法でどちらも科学を学んでいますから，この選択肢は誤りです。本文と同じような語が選択肢で使われていることに惑わされないようにしましょう。

公式 9 ◂本文のフレーズをいくつか組み合わせたウソ

②「各生徒は芸術と科学の両方を約6週間勉強した」

▶①と同様に，第4パラグラフ第2文（Students then learned science ...）の，生徒たちは「伝統的な科学の授業」か「芸術に重きを置いた科学の授業」のどちらかで「科学を学んだ」という記述に反する内容ですね。誤った選択肢です。　公式9 ◀本文のフレーズをいくつか組み合わせたウソ

③「各生徒は芸術に重きを置いた指導と伝統的な指導の両方を受けた」
▶正解

④「各生徒は実験の2か月前に読解力テストを受けた」
▶この選択肢には2つの誤りがあることに気付いたでしょうか。第5パラグラフ第1文以降に，生徒は，実験の各段階の前と後，そして10週間後（実験の約2か月後）の計3回のテストを受けるという記述があります。そのため，選択肢の two months <u>before</u> the experiment（実験の2か月<u>前</u>）という記述は時系列の順番が異なっていて誤りだということになります。

　さらに，このテストは学んだ内容に関するテストであることも本文中に書かれていますね。選択肢中の a reading test は第5パラグラフ第4文（The research team also ...）に登場する「州統一読解力テスト」のことでしょう。このテストは前述の3回のテストとは異なるものですね。この部分の語句をすり替えることでさらに誤った選択肢になっているわけです。two months が 10 weeks を意味しているに違いないと思えたことに満足してしまい，その他の部分をちゃんと検討せずにこうした選択肢に飛びついてしまう人は意外と多いのです。できたでしょうか。　公式8 ◀因果関係・時系列のウソ
公式9 ◀本文のフレーズをいくつか組み合わせたウソ

正解　問1　②　　問2　④　　問3　②　　問4　③

helpとhaveのSVOC文型

■ S + help ＋名詞＋(to) *do* ...

V　　　O　　　　C

「Sは名詞が…するように 援助する」

　第1パラグラフ第6文を見てみましょう。help は SVOC 文型を取ることができます。help が作る SVOC 文型の C の位置には，to *do* ...【to 不定詞】と，*do* ...【原形不定詞】の両方を取ることができます。どちらでもほぼ同じ意味になります。

　また，O の位置にくる名詞と (to) *do* ...の間には，【隠れた主語・述語の関係】が存在するので「名詞が…する」と訳すことができます。

We will help you (to) make reservation.
S　　V　　　O　　　　　　　C

「あなたが予約する」という主語・述語関係が隠れている

「あなたが予約をするのを我々がお手伝いしましょう」

■ S + have ＋名詞＋ *do* ...

V　　　O　　　　C

「Sは名詞が…するように させる」

　第3パラグラフ第6文。have は SVOC 文型を取ることができます。先ほどの help と違い，**to *do* ...【to 不定詞】を C の位置に持って来ることができない**，という点が重要です。

　また，have の SVOC 文型では，C の位置に来るものとして以下の3つのパターンを準備しておきましょう。

第6問　科学と芸術

また，SVOC 文型では，**O と C の間に主語・述語関係がある**ことにも注目してください。

He had his secretary **wait outside**.
S　V　　　　O ⟵――――――⟶ C＝*do*（原形不定詞）

「秘書が待つ」という主語・述語関係が隠れている。

「彼は秘書に外で待つようにさせた」

He had the wall **painted**.
S　V　　　O ⟵――⟶ C＝過去分詞

「壁が塗られる」という主語・述語関係が隠れている。

「彼は壁を塗ってもらった」

He had the water **running in the bathtub**.
S　V　　　　O ⟵――――――⟶ C＝現在分詞

「水が流れている」という主語・述語関係が隠れている。

「彼は浴槽に水が流れている状態にさせた（彼は浴槽に水を出したままにしていた）」

英文を読む際に SV 関係に気をつけるべきだということは，もう皆さん理解していると思いますが，こうした「隠れた SV 関係」もしっかり意識してください。正確な読解には欠かせないポイントです。

どちらがより〜？

今回の英文は「芸術の役割・機能」に関するものでしたね。ライティングでも「科学と芸術」に関連した題材が扱われることがあります。今日のライティングテーマはこちら。

Which has made a greater contribution to society, art or science? Write about 100 words in English.

「芸術と科学のうち，社会により貢献しているのはどちらか」というテーマです。科学の方はイメージが湧きやすい人も多いかもしれませんが，大学を目指すのであれば，芸術が社会の中で果たす役割も考えておきたいところです。

一般的に，**【科学】は【物理的な利益（物の豊かさ等）】と結びつきやすく，【芸術】は【精神的な利益（心の豊かさ等）】と結びつきやすい**という発想があると書きやすくなるでしょう。

まずはヒントはこのくらいにして，自分なりに解答を作成してみてください。解答作成がまだ難しいという場合には構成案だけでもしっかりと作りましょう。

● **Model Answer ①** 「芸術の方が社会により貢献している」────●

では，モデルアンサーをひとつ見てみましょう。皆さんが書きにくいと感じたであろう「芸術の方が社会により貢献している」という立場の解答だと，例えば以下のようになります。

なお，繰り返しになりますが，モデルアンサーは，**①書き写す**，**②音読**，**③訳を見て英文を書く**，などを通して覚えてしまいましょうね。

I believe that art has made a greater contribution to society. Art enriches the human mind. By looking at a beautiful painting, for example, people can realize that there are so many beautiful moments hidden in life. A society filled with these feelings is undoubtedly a better one. It is true that science contributes to society because it advances technology and makes our lives more comfortable, but whether such technology can be used properly depends on the human mind. We should not forget that science can also create tools of war. Therefore, it is art that contributes more to society. The right spirit nurtured by art makes a good society. (110)

\<訳\>

　私は，芸術の方が社会により貢献していると考えています。芸術は人の心を豊かにします。例えば，美しい絵を見ることで，人生には美しい瞬間がたくさん隠れていることに気づくことができます。そのような気持ちに満ちた社会は，間違いなく良い社会だと思います。たしかに科学は技術を進歩させ，私たちの生活をより快適にしてくれるので，社会への貢献はしています。しかし，その技術を正しく使えるかどうかは，人間の心にかかっています。科学は戦争の道具を作り出すこともあることを忘れるべきではありません。ですから，社会貢献度が高いのは芸術です。芸術によって培われた正しい精神が，良い社会を作るのです。

　はじめに芸術が心を豊かにする，と述べた上で，大雑把に言えば「幸せだと思える心を育む」という意味合いの展開をしています。その後，「科学の問題点」に触れて芸術の方が社会への貢献度が高い，と展開していますね。

　この展開に今日の大事なポイントがあります。

● 異なる立場に言及する

　今回の最大のポイントは【もう一方の立場に言及する】ことです。そうしないと，「より貢献している」という主張をしっかりとできたことになりません。この出題のように「○○と△△どちらがより〜」という問いに答える場合には，比較をする意識を持って，もう一方の立場にも言及する必要があるのです。

　どうでしょうか。みなさんの答案や構成案はしっかりと「より貢献度が高いのは〜」という点に答えられているでしょうか。自分の立場にのみ触れ，異なる選択肢の存在を前提としていない書き方をすると，説得力に欠けるばかりか，「問いに答えていない」と判断されてしまう可能性すらあります。

　さらに重要なポイントをもうひとつ。異なる立場に言及したあとで，【その立場を否定する】ことを忘れないようにしましょう。これを忘れると異なる主

張を強めただけで終わってしまい, 自分の主張が弱いままになってしまいます。時折, 相手を褒めただけ, というなんとも気前のいい答案を見ることがあります。気を付けましょうね。

　どうだったでしょうか。今回のような「**どちらがより〜**」タイプの問題は, 2020年に香川大学でも, "**Which do you think is more important to a person's success: skills or luck?**" というかたちで出題されています。
　また, 「自動車か, 自転車か, 徒歩か」というようなもっと選択肢の多い場合もあります。こういった出題の場合にどうしたら説得力のある展開となるかしっかりと意識しておいてください。

Useful Expressions

□ **enrich A**「Aを豊かにする」
→ そのような経験は私たちの人生を豊かにします。
Such experiences enrich our lives.

□ **It is true that S V ..., but S V ...**「たしかに, …しかし…」
→ たしかにスマホは役に立つ。しかし, 多くの学生がスマホのせいで授業に集中するのが難しいと感じている。
It is true that smartphones are useful, but many students find it hard to focus on class because of them.

□ **depend on A**「Aによる／Aにかかっている」
→ 私たちの未来は私たちが今何をするかにかかっている。
Our future depends on what we do now.

● **Model Answer** ②　「科学の方が社会により貢献している」──────

　Science has made a greater contribution to society. Science makes the impossible possible and the ideal a reality. For example, the Internet provides information to people all over the world. People can make the right decision only when they have enough information. This also supports the basis of an ideal democratic society. Some people say that art contributes more to society by enriching people's minds and increasing the number of people who feel happy. However, people suffering from hunger cannot enjoy art. Science creates the foundation for us to benefit from art by reducing people's sufferings. Therefore, it is science that contributes more to society. (105)

<訳>

　科学の方が社会への貢献度は高いと思います。科学は不可能を可能にし，理想を現実にします。例えば，インターネットは世界中の人々に情報を提供しています。人々は，十分な情報を得て初めて正しい判断ができるようになります。これは理想的な民主主義社会の基盤を支えてもいます。芸術は，人々の心を豊かにし，幸せを感じる人を増やすことで，より社会に貢献していると言う人もいます。しかし，飢餓に苦しむ人々は芸術を楽しむことができません。科学は，人々の苦しみを軽減することで，私たちが芸術の恩恵を受けるための基盤を作ります。ですから，社会により貢献しているのは科学なのです。

第7問

次の英文を読み，下記の設問に答えなさい。

Leather money should perhaps be regarded as the most immediate predecessor of paper money. It was usually issued under the stress of war. The city of ancient Carthage* issued leather-wrapped money before the wars with Rome. The leather wrapping was sealed, and the substance inside the wrapping remained a mystery. 5

Better documentation exists for the use of leather money in France and Italy as an <u>emergency measure</u>. In Normandy, Philippe I (1060-1108) used as money pieces of leather with a small silver nail in the middle. Leather currencies also appeared under Louis IX (1226-1270), John the Good (1350-1364), and Charles the Wise (1364-1380). It is 10 not clear whether these leather currencies bore an official stamp. Compensation to foreign countries impoverished France, and the resulting shortage of metal coins forced the country to develop an inferior substitute.

In 1122, Domenico Michaele, ruler of Venice, financed a crusade** by 15 paying his troops and sailors in money made of leather with an official stamp. In 1237, the emperor Frederick II of Sicily, one of the first European monarchs to reestablish gold coins after the long break of the Middle Ages, paid his troops in stamped leather money during the attacks on Milan and Faventia (modern Faenza in Italy). 20

Leather money bearing an official stamp bore a close kinship to modern paper money. English history furnishes a few references to leather money. In a speech to Parliament in 1523, Thomas Cromwell commented on the use of leather money in referring to the expenses

₂₅ of sending an expedition to France.

Reports exist of leather money on the Isle of Man*** during the 16th and maybe 17th centuries. A description of the Isle of Man published in 1726 states that leather currency had a history on the Isle of Man, and that <u>men of substance</u> in advantageous social positions were ₃₀ allowed to make their own money up to a limit.

*Carthage：カルタゴ。アフリカ北岸にあった古代都市国家。

**crusade：十字軍

***the Isle of Man：マン島（イングランド沖に位置する島）。

問1　According to the first paragraph, (　　　　).

① Both leather money and paper money are considered to have come into use at the same time

② Wars in ancient times caused the distribution of leather money

③ People in ancient Carthage knew what was in the wrapping of the leather money

④ The end of the wars with Rome was followed by the issue of leather-wrapped money in a city state in North Africa

問2　The underlined phrase "emergency measure" (paragraph 2) refers to (　　　　).

① the report based on the analysis of financial problems

② the immediate action needed to get more metal coins

③ the way to improve the quality of leather money

④ special actions that are taken to deal with a very serious situation

問3　According to paragraph 2 and 3, (　　　　　).

① in Normandy, Philippe Ⅰ issued silver money which was wrapped in and nailed to leather

② official stamps were not put on the leather money issued under the reign of Louis Ⅸ

③ the soldiers on the crusade in 1122 received their pay in leather money without any official stamps

④ there was a long period of time during the Middle ages when gold coins were not in use

問4　The underlined phrase "men of substance" (paragraph 5) refers to (　　　　　).

① people who found new materials used in making money

② people who kept the historical sources in safe

③ people who engaged in various activities in an advanced

④ people who had a lot of money and possessions

第1パラグラフ

①Leather money should perhaps be regarded as the most immediate
 Ⓢ   Ⓜ   Ⓥ   受   Ⓒ

predecessor of paper money. ②It was usually issued under the stress
 Ⓜ   Ⓢ Ⓥ   Ⓜ   受   Ⓜ

of war. ③The city of ancient Carthage issued leather-wrapped money
 Ⓜ   Ⓢ   Ⓜ   Ⓥ   形   Ⓞ

before the wars with Rome. ④The leather wrapping was sealed, and
 Ⓜ   Ⓜ   Ⓢ   Ⓥ   受

the substance inside the wrapping remained a mystery.
 Ⓢ   Ⓜ   Ⓥ   Ⓒ

①革製のお金は，紙幣の1つ前に使われていた貨幣というべきであろう。②革のお金は，戦争の圧力の下で発行されることが多かった。③古代の都市カルタゴは，ローマとの戦争の前に革に包まれたお金を発行した。④革の包みは密封されており，包みの中の物質は謎であった。

✓ Word Check

- [ ] leather 名「革」
- [ ] perhaps 副「もしかすると，～かもしれない」
- [ ] regard A as B 熟「A を B とみなす，～と考える」
- [ ] immediate 形「すぐ前の」　　　□ predecessor 名「前のもの」
- [ ] issue 動「発行する」　　　　　□ stress 名「圧力」
- [ ] war 名「戦争」　　　　　　　　□ ancient 形「古代の」
- [ ] leather-wrapped 形「革で包まれた」
- [ ] seal 動「密封する」　　　　　　□ substance 名「物質」
- [ ] inside 前「中の」　　　　　　　□ remain 動「～のままである」
- [ ] mystery 名「謎」

第2パラグラフ

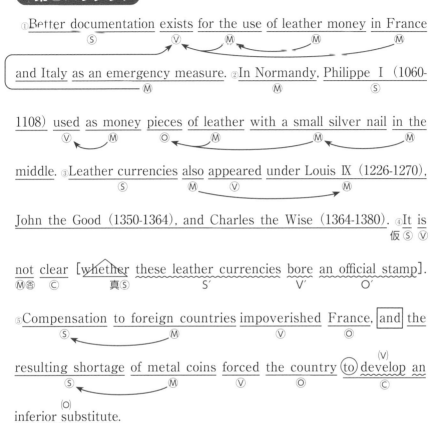

①Better documentation exists for the use of leather money in France and Italy as an emergency measure. ②In Normandy, Philippe Ⅰ (1060-1108) used as money pieces of leather with a small silver nail in the middle. ③Leather currencies also appeared under Louis Ⅸ (1226-1270), John the Good (1350-1364), and Charles the Wise (1364-1380). ④It is not clear [whether these leather currencies bore an official stamp]. ⑤Compensation to foreign countries impoverished France, and the resulting shortage of metal coins forced the country to develop an inferior substitute.

①フランスとイタリアで革製の貨幣が非常措置として使用されていたことについては，より良い資料が存在する。②ノルマンディーでは，フィリップ１世(1060-1108)が中央に小さな銀の釘がついた革をお金として使用した。③革のお金は，ルイ９世(1226-1270)，ジャン２世善良王(1350-1364)，およびシャルル５世賢明王(1364-1380)の時代にも現われた。④これらの革のお金に公印があったかどうかは明らかになっていない。⑤外国への賠償金によりフランスは貧しくなり，その結果として金属製の硬貨が不足したことで，フランスは粗悪な代替品を作らざるを得なかった。

• 第3パラグラフ

①In 1122, Domenico Michaele, ruler of Venice, financed a crusade by paying his troops and sailors in money made of leather with an official stamp. ②In 1237, the emperor Frederick Ⅱ of Sicily, one of the first European monarchs to reestablish gold coins after the long break of the Middle Ages, paid his troops in stamped leather money during the attacks on Milan and Faventia (modern Faenza in Italy).

①1122 年，ヴェネツィアの統治者であったドメニコ・ミキエルは，公印を押した革で作られたお金をその軍隊と船員に支払うことで十字軍に資金を供給した。②1237 年，中世の長い期間使われていなかった金貨を復権させはじめたヨーロッパ君主のうちの1人，シチリアのフリードリヒ2世は，ミラノおよびファウェンティア（現在のイタリアのファエンツァ）への攻撃の際，押印をした革のお金をその軍隊に支払った。

Word Check

- □ ruler 名「統治者」
- □ troop 名「軍隊」
- □ emperor 名「皇帝」
- □ reestablish 動「復権させる，再建する」
- □ during 前「〜の間に」
- □ attack 名「攻撃」
- □ finance 動「資金を提供する」
- □ sailor 名「船員」
- □ monarch 名「君主」

• 第4パラグラフ

①Leather money bearing an official stamp bore a close kinship to modern paper money. ②English history furnishes a few references to leather money. ③In a speech to Parliament in 1523, Thomas Cromwell commented on the use of leather money in referring to the expenses of sending an expedition to France.

①公印のある革のお金は，現代の紙幣と密接な関係がある。②イギリスの歴史では，革のお金が何度か登場している。③トマス・クロムウェルは1523年の議会演説で，フランス遠征の費用に言及する際，革のお金の使用についてコメントした。

Word Check

- □ bear 動「持つ，有する」
- □ kinship 名「(密接な)関係」
- □ furnish 動「与える，供給する」
- □ speech 名「演説」
- □ comment 動「コメントする，意見を述べる」
- □ refer to 〜 熟「〜に言及する」
- □ expedition 名「遠征」
- □ bore 動「持つ(bear の過去形)」
- □ history 名「歴史」
- □ reference 名「言及」
- □ parliament 名「議会」
- □ expense 名「費用」

● 第5パラグラフ

①Reports exist of leather money on the Isle of Man during the 16ᵗʰ
and maybe 17ᵗʰ centuries. ②A description of the Isle of Man published
in 1726 states [that leather currency had a history on the Isle of
Man], and [that men of substance in advantageous social positions
上限
were allowed to make their own money up to a limit.]

①16世紀，さらに不確かではあるが17世紀にも，マン島に革の貨幣があったことを示す報告書が存在する。②1726年に発行されたマン島についての解説書では，革のお金はマン島において歴史を持つこと，優位な社会的地位にある資産家はある程度の上限まで自身のお金を作ることが許可されていたことが記述されていた。

✓ **Word Check**
- □ description 名「解説，記述」
- □ state 動「示す」
- □ position 名「地位」
- □ allow O to *do* ～ 熟「～することを許す」
- □ up to 熟「～まで」
- □ publish 動「発行する」
- □ advantageous 形「優位な，有利な」
- □ limit 名「限界，限度」

○と×の根拠づけをしよう

問1　最初のパラグラフによると（　　　　　）。

思考プロセス

「最初のパラグラフによると」というリード文により，根拠となるパラグラフはすぐわかるはず。時間に関するウソや事件が起きた順番など，細かい部分のひっかけが多いので注意しましょう。

① 「革製のお金と紙幣が，同時期に使用されていたと考えられている」

▶第1パラグラフ第1文の「革製のお金は，紙幣の前に使われていたもの」という内容から×。選択肢は「同時に」と言っているので，【時間のウソ】による×。predecessor of ...「…の前に使われていたもの」という表現に注意。　　　　　　　　　　　　　公式 8 ◀因果関係・時系列のウソ

② **「古代において戦争が，革製のお金の分配を引き起こした」**

▶第1パラグラフ第2文の「戦争の圧力の下で，それは通常発行された」の部分が直接の解答根拠です。第2文の主語「それ」(it)は，直前の第1文の主語「革製のお金」(leather money)を指します。**革製のお金の発行（分配）には，戦争が密接に関係している**という内容を本文から読み取れれば，これが正解であることに気づくはず。

③ 「古代カルタゴの人々は，革製のお金で包まれた中身を知っていた」

▶第1パラグラフ第4文に「革で包まれたものの中身は謎であった」とあるので，【肯定否定のウソ】で×。　　　公式 1 ◀肯定否定，反対語によるウソ

④ 「ローマとの戦争が終わって，アフリカ北部のある都市国家では革で包まれたお金が発行された」

▶第1パラグラフ第3文の「ローマとの戦争の前に，カルタゴが革で包まれたお金を発行した」という内容より，【時間・順番のウソ】より×。***A* is followed by *B***「Aは，Bによって後ろを追いかけられる＝Aが先，その後で，B」という表現に注意。 公式 8 ◀因果関係・時系列のウソ

問2　emergency measureという下線部の語句（第2パラグラフ）が言っているのは（　　　　　）。

思考プロセス

　リード文より，第2パラグラフが解答の根拠です。第1文に「革製のお金が，emergency measureとしてイタリアとフランスで使われた」とあります。さらに，「フランス」という固有名詞に注目して本文を探せば，このパラグラフの最終文に行き着くはずです。

　「フランスは外国への賠償金により貧しくなり，その結果，金属製の硬貨が不足，質の悪い代替品を作らざるを得なかった」とあることから，「フランスでは，金属のお金が不足したため，金属のお金の代替品として，革製のお金が使われた」と理解できますね。

①「財政問題についての分析に基づいた報告書」
▶第1文を構造分析し，しっかり訳してみましょう。「革製のお金が，…についての報告書として使われる」となってしまい意味不明ですね。語句は関連したものが使われていますが，選択肢の内容は記述なしで×です。　記述なし

②「より多くの金属製の硬貨を得るために必要な迅速な行動」
▶最終文の「金属製の硬貨が不足，質の悪い代替品を作らざるを得なかった」という内容に矛盾します。本文の内容は，要するに「金属のお金自体は使わず，何か別のものを使う」ということです。選択肢は金属

のお金を集めている(ということは使おうとしている)ので,「肯定・
否定のウソ」により×。

<公式 1 ◀ 肯定否定,反対語によるウソ>

③「革製のお金の品質を高める方法」

▶第1文を構造分析し,しっかり訳してみましょう。「革製のお金が,
革製のお金の質を向上するために使われた」となってしまい意味不明
です。こういった内容は書かれていないので,記述なしで×。

[記述なし]

④「深刻な状況に対処するためにとられる特別な行動」

▶第2パラグラフ最終文の内容より,「金属のお金が不足するという深
刻な状況に対処するため,革製のお金が臨時に(=特別に)使われるよ
うになった」と考えることができますので,これが正解です。

「戦争に負け,賠償金を払ったため,フランスでは金属のお金が不
足した」という本文の内容を,少し抽象的にパラフレーズして「深刻
な状況」としている点に注意しましょう。

問3　第2パラグラフと第3パラグラフでは,(　　　　　)。

[思考プロセス]

リード文によると,該当箇所が第2パラグラフと第3パラグラフとなっ
ています。先に,選択肢中の固有名詞や他の選択肢では言及されていな
い語に注目すると,根拠となる文を見つけやすくなります。

その上でピンポイントに根拠の絞り込みをすることで,設問の解答判
定に無関係な英文をダラダラ読むことがなくなり,大幅に解答時間を節
約できるでしょう。また,根拠になっている箇所に集中するので,解釈
の正確さも増し,よりクリアーに内容をとらえることが可能となり,正
答率もアップするはずです。

① 「ノルマンディーでは，フィリップ1世が，革で包まれ，釘が打たれ
　た銀のお金を発行した」

▶「ノルマンディー」という語に注目すれば，すぐにヒントになりそう
　な箇所は本文に見つかるはず。本文第2パラグラフ第2文には，「小
　さな銀の釘が打たれた革をお金として使用した」とあるので，銀の成
　分量は少なく，あくまでもこれは「小さな銀の装飾が施された**革製の
　お金**」と解釈される可能性が高いのではないでしょうか。選択肢の「銀
　のお金」の部分が，巧妙な「語句のすり替え」により×。

公式 9 ◂本文のフレーズをいくつか組み合わせたウソ

② 「公印はルイ9世の時代に発行されたお金には無かった」

▶本文第2パラグラフ第3文と4文より，「公印がルイⅨ世の時代に発
　行されたお金にあったかどうかは明らかではない」とあります。つま
　り，「公印があったかもしれないし（肯定），無かったかもしれない（否
　定），どちらの可能性もある」という意味です。これが，選択肢では「公
　印が無かった」と否定文で言い切ってしまっていますね。

　　本文の It is not clear whether ...「…かどうかは，明確ではない」
　という仮主語構文を正確に解釈しましょう。また，whether が作る名
　詞節は，確定していない内容を示し，「…かどうか」と訳す点にも注
　意です。【肯定・否定のウソ】で×。

公式 1 ◂肯定否定，反対語によるウソ

③ 「1122年の十字軍の兵士は，公印のない革製のお金のかたちで，報
　酬を得ていた」

▶「1122年」という数字が見つけやすいでしょう。第3パラグラフ第1
　文では「公印があった」とあるので，選択肢の「公印のない」という
　without を使った否定部分が間違いです。「肯定否定のウソ」で×。

160

④「中世の間，金貨が使用されていなかった長い期間があった」

▶ 選択肢中の「金貨」という語は，他の選択肢にも一切出てこない，この文章では「珍しい」語です。こういった語に注目すると解答根拠を探しやすい場合があります。第3パラグラフ第2文が解答根拠で，選択肢と同様の内容が記述されているので正解。

問4　men of substance という下線部の語句（第5パラグラフ）が言っているのは（　　　　）。

思考プロセス

　最終パラグラフの最終文が解答根拠です。「優位な社会的な地位にある」や「ある制限まで独自の貨幣を作ることを許されていた」という内容と論理的なツナガリが最も自然な選択肢が正解となります。

　下線部の men of substance は，「裕福な人々」であり，裕福だからこそ周囲から経済上の高い信用があった人々だったので，独自の貨幣を作ることが許されたのでしょう。正解は④です。

①「お金を作る際に使われる新しい素材を発見した人々」

▶「新しい素材」についての解説が最終パラグラフに「記述無し」で×。また，最終文の「ある制限までは独自の貨幣を作ることを許されていた」との論理的ツナガリが，正解の選択肢④と比べると弱いですね。

　　　　　　　　　　　　　　　　　　　　　　　　　　　　　　記述なし

②「歴史的資料を安全に保管していた人々」

▶「安全に保管」の部分が最終パラグラフに記述なしで×。この選択肢も，最終文の「ある制限までは独自の貨幣を作ることを許されていた」

との論理的ツナガリが，正解の選択肢④と比べると弱いです。

記述なし

③「先端社会で様々な活動に従事していた人々」

▶ advanced という語だけで飛びつかないように。記述なしで×。

記述なし

④「たくさんのお金と物をもっていた人々」

▶思考プロセスで示したように，これが正解です。

[正解]　問1　②　　　問2　④　　　問3　④　　　問4　④

GRAMMAR FOR READING ⑦
regard ... as 〜 の用法

■ regard ... as 〜

第1パラグラフ第1文の **be** regarded as 〜の部分です。**regard** は「みなす」，つまり，「思う(認識する)」の仲間ということになります。こういった動詞は SVOC 文型を取ることが多いのです。

regard は，**SVOC 文型を取ることができる代表的な V** として覚えておきましょう。このとき，as 〜のカタマリ(as が作る前置詞句)を，例外的に，M ではなく C として捉えるようにしてください。また，このとき，**意味上，O＝C の関係が成立する**点にも注目です。

このときの as は前置詞ですから，後には原則名詞がきます。

❶ <u>Many people</u> <u>regard</u> <u>education</u> <u>as the most important thing</u>
     S   V   O   C
<u>of all.</u>

「多くの人々は，教育が 全ての中で 最も重要なことであると みなしている」

as は前置詞ですから，後には名詞がくるのが原則ですが，内容上わかりきっている場合，この名詞の部分が消えてしまい，as の後には，形容詞だけが残ることもあります。

❷ <u>Many people</u> <u>regard</u> <u>education</u> as the most important ~~thing~~
     S   V   O   C
~~of all~~.

「多くの人々は，教育が 全ての中で 最も重要であると みなしている」

第
7
問

貨
幣

原則どおりの❶のような英文もあるでしょうが，「内容に誤解が生じない限り，なるべくシンプルな言い方をする」というのも英語脳・英語発想の1つです。

thing という名詞をカットして，なるべく短い語数でシンプルに言いたいという心理が働いて，❷のような言い方は極めて多くみられます。

多くの英文に触れて経験値が上がっていけば，実践期には，こういった「前置詞の as の後に名詞がない！」というパターンの英文も難なく読めるようになるでしょう。

I regard <u>my family name</u> as unusual.
S　V　　　　O　　　　　C

「私は私の苗字が珍しいとみなしている」

> 〈regard O as +形容詞〉といったカタチも実際には多い。

■ SV ... by ～ing

第3パラグラフ第1文 ... **by paying** ～の部分です。by は前置詞ですから，後には名詞が続くので，この ing は名詞になるはずです。ing が名詞のカタマリになっているパターンを動名詞と呼びます。〈前置詞 by +動名詞〉の ing が，〈前置詞+名詞〉で結合し，M のカタマリになるのです。

by は「すぐ近くに・そばに」というコアイメージをもち，**【手近なところにある利用可能な手段】**を表します。

日本語でこの〈by +動名詞〉の ing のイメージを表すなら，「～することによって」と理解するとよいでしょう。そして，この〈by +動名詞〉= M は，前後にある V を修飾します。

I tried to read **the book** <u>by using this dictionary.</u>
S　V　　　　　　O　　　M

「私はこの辞書を使うことによって(この辞書を引くことによって

［引きながら］)その本を読んだ」

　さらに，Mは原則，移動自由ですから，例えば文頭に移動すること
も多いでしょう。

　<u>By using this dictionary,</u> <u>I</u> <u>tried to read</u> <u>the book.</u>
　　　　　　M　　　　　　　S　　　V　　　　　O

　なぜ，このように色々な語順があるのか？　と思った人はいませんか。
英文のスタートのところ(文頭)で，「**このMの位置にくる内容が，これ
より前の文ですでに一度話した内容(既知情報・旧情報)であること，あ
るいは常識的にわかりきった内容であることを，読む人に対して確認し
ておきたい**」というキモチが働き，筆者が，文頭にMを置くことが多
いようです。

　【文頭方向で，既に話した内容(旧情報)の確認から入り，その後，文
末方向で，新しい内容を述べていく】というのも，よく見られる英語の
情報のナガレですから，意識しておきましょう。

WRITING PICK UP ⑦

ストーリーをわかりやすくする "順番"

　今回の英文は「革のお金」に関するものでした。英文の中で現在形と過去形が上手に使い分けられていることに気付いたでしょうか。今回は，皆さんにも現在形と過去形を使い分ける意識を持ってもらおうと思います。では，今日のライティングテーマを見てみましょう。

Describe an important lesson you learned in junior high school or high school. Write about 100 words in English.

　「中学または高校であなたが得た重要な学び（教訓）」に関する問いですね。これまでの経験や体験を説明させるタイプの問題が出題者に好まれる理由のひとつに，こうした問題は，**背景知識の有無による「書ける・書けない」が生じにくいと考えられている**ことが挙げられます。

　ただ，問いに答えるのにふさわしい経験や体験がない，ということは当然起こり得ますね。そういった場合にはそれらしいストーリーを自分で創作するしかありません。

　ちなみに，**大学入試では，そういった「創作」は基本的に許容されていると考えていいです**（大学によっては「あなたが本当に経験したことでなくともよい」と明言している場合もあります）。いずれにしても大切なのは，**このタイプのテーマは「思っているほど簡単ではない」**ということです。この機会にしっかりと備えておきましょう。

　では，頑張ってください。

● **Model Answer ①　「中学・部活」** ─────────────●

　では，モデルアンサーです。中学での部活動を通じての学びについて書かれています。

　I learned that it is important to rely on others. In junior high school, I was captain of the basketball team, but our team kept losing. I felt responsible for that result. The more responsible I felt, the harder it

---

166

became for me to participate in practice. Finally, one day, I skipped school. Aware of my situation, my teammates came to my house that afternoon and told me to tell them what was wrong. For the first time, I was able to tell them everything that was on my mind. As a result, we were able to truly become a team, and we won our next game. (107)

<訳>

　私は人に頼ることの大切さを学びました。中学時代，バスケットボール部のキャプテンをしていたのですが，私たちのチームは試合に負け続けていました。私はこの結果に責任を感じました。責任を感じれば感じるほど，練習に参加することが難しくなりました。そして，ある日，私は学校をサボってしまったのです。その日の午後，私の状況を知ったチームメイトが家に来て，どうしたのか教えて欲しいと伝えてくれました。そのとき初めて，私は自分の心の中にあるものをすべて話すことができました。その結果，私たちは本当の意味でのチームになり，その次の試合で勝つことができたのです。

　はじめに，「他者に頼ることの大切さ」という学びの内容を表明しています。その上で，①【自分が中学のバスケ部のキャプテンであったこと】と②【当時のチームの状況】に触れています。次に③【それに対して自分がどのように感じていたか】を述べ，④【その結果生じた問題】に言及していますね。その後で⑤【チームメイトの行動と自分の行動】があり，最終的に⑥【このことを通じてチームにもたらされた良い結果】が書かれています。しっかりと自分の得た学びと何故その学びを得たかが説明されていますね。

　今日のポイントはこの①〜⑥の「並び順」です。

● ストーリーを説明するときの"順番"

　今回のポイントは，【ストーリーを説明するときの情報の並べ方】です。多くの学習者が意見文の論理展開である【主張→理由→具体化（→まとめ）】は意識できていますが，経験や体験などの「ストーリー」をどう展開するかについてはあまり意識できていません。この意識をしっかりと持っておこう，というのが今回です。

　まず，先ほど挙げた今回のモデルアンサーの展開を確認してみましょう。

① 【自分が中学のバスケ部のキャプテンであったこと】

② 【当時のチームの状況】

③ 【それに対して自分がどのように感じていたか】

④ 【その結果生じた問題】

⑤ 【チームメイトの行動と自分の行動】

⑥ 【このことを通じてチームにもたらされた良い結果】

この展開が伝わりやすいのはなぜでしょうか。それはこの展開が以下の2つの点を充たしているからなのです。

（1）ストーリーでの【大枠から細部への展開】

①に着目してください。この文の役割は「設定」を説明することにあります。多くの学習者はこの①が書けないのですが，ストーリーを分かりやすく伝えるには，最初に「どのような場面・状況設定であるか」という「大枠」が提示されている必要があるのです。

今回であれば，「中学」「バスケットボール所属」「キャプテン」という情報がそれにあたります。この【ストーリー全体に関わる情報】がまず示されていることが重要なわけですね。そこから，②以降の【ある特定の期間やある場面に関する情報】に関する記述に進むからこそ，この文は伝わりやすいものになっているのです。

（2）「大過去形」などに頼らない【時系列どおりの展開】

まずは以下の文を見てください。

Last night, John showed me some photos that he had taken in Japan.

「ジョンは彼が以前日本で撮った写真を私に見せてくれました」

この文の下線部は「大過去形」と呼ばれるものです。ちょっと難しいですが，**「これより前に登場した動詞より過去に起きた動作ですよ」ということを示す**ものです。これを使えることそのものは素晴らしいのですが，伝わりやすいストーリー展開のためには，

John took some photos in Japan, and, last night, he showed them to me.

「ジョンは日本で写真を撮っていて、昨晩私に見せてくれました」

というように、**時系列どおりに書く意識**を持っていられると良いのです。誤解がないように繰り返しますが大過去形が使えることは素晴らしいことです。ただ、それを使おうとするあまり展開が伝わりにくくなってしまうことのないようにして欲しいわけです。というわけで、ストーリーを書く際には、**全ての出来事を【一直線上に配置】する意識**を持ちましょうね。

どうだったでしょうか。こうしたことを少し意識するだけで格段にストーリーは伝わりやすくなります。今回自分が書いた答案がそうなっているか確認してみてください。

経験や体験などの「**ストーリー**」を書かせる問題は、様々な大学で出題されています。2017年の香川大学で「人生で印象的な経験とそこから学んだこと」を、2018年の大阪大学で「これまでした失敗とそこから得た学び」を、同じく2018年に中央大学で「一番印象に残っているプレゼントとその理由」を書くことが求められています。2020年には一橋大学で、今回扱った問いと同様の問題が出題されています。

今回のテーマは、次のようなかたちでスピーキングでも登場することがあります。スピーキングでも「**一直線に述べていく**」意識ですよ。しっかりと準備しておきましょうね。

Q. What is your most memorable experience in junior high school?

🔵 DL音声No.3 🎧

【解答例】 🔵 DL音声No.4 🎧

　　My most memorable experience in junior high school is winning the English speech contest in my third year. When I first entered the school, I was not very good at English. In the second year, I met an English teacher named Ms. Matsuda. She taught me how interesting English was and I came to love English. Then in the third year, I entered an English speech contest. I was nervous, but to my surprise, I won the contest. It was one of the best memories of my junior high school days.

＜訳＞

　私が中学校で最も思い出に残っている経験は中学3年生のときに英語スピーチコンテストで優勝したことです。入学したとき私は英語が苦手でした。中学2年生の時にマツダ先生という英語の先生に出会いました。彼女が私に英語の面白さを教えてくれ，英語が好きになりました。そして，中学3年生のときに英語スピーチコンテストに参加しました。緊張しましたが，なんとコンテストで優勝することができたのです。中学校の日々で私にとって最高の思い出のひとつです。

（ネイティヴスピーカーによる読み上げ音声がDL用音声に収録されています）

Useful Expressions

□ learn that ～ 「～を学ぶ／知る」

　➡ 私はこの世界に無駄なことなどひとつもないことを知った。

　I learned that there is nothing useless in this world.

□ find it C to *do* 「to doがCだと感じる」

　➡ 他者を本当の意味で思いやるのは難しいと感じた。

　I found it difficult to truly care for others.

□ at first ～ but ～ 「最初は～，しかし～／はじめは～だが～」

　➡ はじめは彼のことを付き合いにくいやつだと思ったが，徐々に面白いやつだとわかってきた。

　At first I thought he was difficult to get along with, but gradually I realized he was an interesting person.

● Model Answer ② 「高校・留学」

　In my freshman year of high school, I studied abroad for three months at a sister school in Australia. There were also students from China, Indonesia, France, and Brazil in the program. We were different in various ways. We differed, for example, in our attitudes in class. Some students, including myself, tried to be quiet in class, while other students preferred to be active. I was confused at first, but after talking with the students from different backgrounds, I learned that they feel it is important to speak up in class. From this experience, I also learned that there is always a chance to improve ourselves if we respect differences. (110)

<訳>

　高校1年生のとき，オーストラリアの姉妹校に3か月間留学しました。このプログラムには，中国，インドネシア，フランス，ブラジルからの留学生も参加していました。私たちはさまざまな点で異なっていました。例えば，授業中の態度です。私を含め，授業中に静かにしていようとする生徒もいれば，積極的に参加しようとする生徒もいました。最初は戸惑いましたが，さまざまなバックグラウンドを持つ学生たちと話しているうちに，彼らが授業中に発言することを重要だと思っていることを知りました。私はまた，この経験から，違いを尊重すれば，いつでも自分を向上させるチャンスがあると学んだのです。

第8問

次の英文を読んで下の問いに答えよ。

One essential aspect of privacy is the ability to control how much we disclose to others. Unfortunately, we've lost much of that control now that every photo, chat, or status update posted on a social-media site can be stored in the cloud. Even though we intended to share
5 that information with someone, we don't necessarily want it to stay available, out of context, forever. The weight of our digital pasts is emerging as the central privacy challenge of our time.

But what if people could make their posts vanish automatically — making social media more of an analogue to everyday conversations
10 that aren't recorded for posterity? That's the promise of services such as Snapchat, a mobile-phone app whose popularity has increased dramatically during the past year. Evan Speigel and Bobby Murphy, who met as undergrads at Stanford, came up with the idea two years ago, around the time New York congressman Anthony Weiner
15 accidentally made racy photos of himself public on Twitter and was forced to resign. Snapchat lets users take photos or short videos and then decide how long they will be visible to the recipient. After 10 seconds or less, the images disappear forever. Not for nothing is Snapchat's mascot a picture of a grinning ghost.

20 From the beginning, the service appealed to teenagers looking for a more private way of sending each other sexy pictures. But "sexting" alone can't account for all 100 million photos and videos exchanged on Snapchat every day. And Facebook's Mark Zuckerberg must worry that Snapchat addresses some misgivings people have about privacy

172

on Facebook; in December, Facebook launched a Snapchat copycat ₂₅
app called Poke.

問1　How has the ability to control how much we disclose to others
　　　decreased?

　　① Photos disappear after 10 seconds or less.

　　② Pictures are posted to Facebook.

　　③ Posted items can be accessed for a long time.

　　④ Social-media sites have become popular.

問2　What happens to photos shared on Snapchat?

　　① Erased.　　　　　　　　② Posted.

　　③ Recorded.　　　　　　　④ Stored.

問3　How did Facebook's Mark Zuckerberg respond to Snapchat?

　　① Concerned about privacy.　② Forced to resign.

　　③ Made his own app.　　　　④ None of the above.

第1パラグラフ

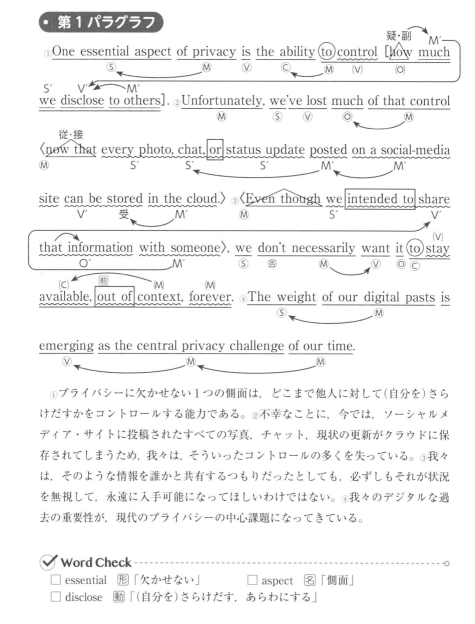

①プライバシーに欠かせない1つの側面は，どこまで他人に対して（自分を）さらけだすかをコントロールする能力である。②不幸なことに，今では，ソーシャルメディア・サイトに投稿されたすべての写真，チャット，現状の更新がクラウドに保存されてしまうため，我々は，そういったコントロールの多くを失っている。③我々は，そのような情報を誰かと共有するつもりだったとしても，必ずしもそれが状況を無視して，永遠に入手可能になってほしいわけではない。④我々のデジタルな過去の重要性が，現代のプライバシーの中心課題になってきている。

✔ **Word Check**

□ essential 形「欠かせない」　　□ aspect 名「側面」
□ disclose 動「（自分を）さらけだす，あらわにする」

- □ unfortunately 副「残念ながら」
- □ status update 「現状の更新」
- □ store 動「保存する」
- □ even though 熟「たとえ〜としても」
- □ intend to *do* 熟「〜するつもりである」
- □ share 動「共有する」
- □ necessarily 副「(否定文で)必ずしも」
- □ available 形「入手可能な」
- □ weight 名「重要性」
- □ past 名「過去」
- □ privacy 名「プライバシー」
- □ now that 熟「今では」
- □ post 動「投稿する」
- □ cloud 名「クラウド」
- □ information 名「情報」
- □ context 名「背景，状況」
- □ digital 形「デジタルな」
- □ emerge 動「明らかになる」
- □ challenge 名「難題，課題」

● 第2パラグラフ

①But what ● 〈if people could make their posts vanish automatically〉
— making social media more of an analogue to everyday conversations
(that ● aren't recorded for posterity)? ②That's the promise of services
such as Snapchat, a mobile-phone app (whose popularity has increased
dramatically during the past year.) ③Evan Speigel and Bobby Murphy,
(who ● met as undergrads at Stanford), came up with the idea
two years ago, around the time (New York congressman Anthony
Weiner accidentally made racy photos of himself public on Twitter

will happenの略
whenの略

and was forced to resign.) ④Snapchat lets users take photos or short videos and then decide [how long they will be visible to the recipient]. ⑤After 10 seconds or less, the images disappear forever.

⑥Not for nothing is Snapchat's mascot a picture of a grinning ghost.

①しかし，もし人々が投稿を自動的に消去できたらどうだろう。ソーシャルメディアを，後世のために保存されない毎日の会話に類似したものによりさせていくのである。②それを，スナップチャットという携帯電話のアプリのようなサービスが約束している。スナップチャットの人気は，昨年爆発的に上昇した。③スタンフォード大学の学部生として出会ったエヴァン・スピーゲルとボビー・マーフィーは，2年前にそのアイデアを思いついた。ちょうど，ニューヨークの下院議員である，アンソニー・ワイナーがうっかり自分のみだらな写真をツイッター上で公表してしまい，辞任に追い込まれたころだった。④スナップチャットは，ユーザーが写真や短い動画を撮って，受信者がどのくらいの間閲覧できるかを決められるようにする。⑤約10秒以内で，その映像は永遠に消滅する。⑥スナップチャットのマスコットが，にやっと笑うおばけであるのには，明確な理由があるのだ。

✓ Word Check

- ☐ what if ... 熟「…したらどうなるだろう」
- ☐ post 名「投稿」
- ☐ automatically 副「自動的に」
- ☐ conversation 名「会話」
- ☐ posterity 名「後世(の人々)」
- ☐ service 名「サービス」
- ☐ popularity 名「人気」
- ☐ undergrad 名「学部生」
- ☐ come up with ～ 熟「～を思いつく」
- ☐ congressman 名「下院議員」
- ☐ accidentally 副「誤って，うっかり」
- ☐ racy 形「みだらな」
- ☐ vanish 動「消える」
- ☐ analogue 名「類似のもの」
- ☐ record 動「記録する」
- ☐ promise 名「約束」
- ☐ such as ～ 熟「～のような」
- ☐ dramatically 副「劇的に」
- ☐ visible 形「閲覧できる」

□ recipient	名「受信者」	□ image	名「映像」
□ disappear	動「消滅する」	□ forever	副「永遠に」
□ not for nothing	熟「明確な理由がある」		
□ grin	動「にやっと笑う」	□ ghost	名「おばけ」

● 第3パラグラフ ●

〈分詞構文〉

①From the beginning, the service appealed to teenagers looking for a more private way of sending each other sexy pictures. ②But "sexting" alone can't account for all 100 million photos and videos exchanged on Snapchat every day. ③And Facebook's Mark Zuckerberg must worry [that Snapchat addresses some misgivings (people have about privacy on Facebook)]; in December, Facebook launched a Snapchat copycat app called Poke.

①当初より，そのサービスは，よりプライベートな方法でセクシーな写真を交換したがるティーンエイジャー達に受けた。②しかし，（テキストならぬ）「セキスト」だけでは，毎日スナップチャット上でやり取りされている1億枚もの写真やビデオをすべて説明することはできない。③フェイスブックのマーク・ザッカーバーグは，フェイスブックのプライバシーについて心配する人々にスナップチャットが対応していることが，気になったのだろう。フェイスブックは，12月にスナップチャットをまねたPokeというアプリを発売したのだ。

✔ Word Check

- ☐ appeal　動「興味を引く」
- ☐ alone　形「ただ…だけ」
- ☐ exchange　動「取り交わす」
- ☐ address　動「対処する」
- ☐ launch　動「始める」

- ☐ look for 〜　熟「〜を求める」
- ☐ account for 〜　熟「〜を説明する」
- ☐ worry　動「心配する，気にする」
- ☐ misgiving　名「不安，心配」

○と×の根拠づけをしよう

問1　どれほど多くの情報を他人に開示するかを管理する能力は，どのように低下してきたのか。

思考プロセス

　まず，設問のリード文をしっかりと読みとりましょう。その後，本文へ。設問のリード文とそっくりの内容が，第1パラグラフの第1文，2文にありますね。

　この部分の内容をまとめると，「プライバシーとは，どれほど多くの情報を他人にさらけだすかを管理する能力のことで，こういった管理能力の多くを不幸なことに失ってしまった」ということです。

　この付近に解答根拠がありそうですね。第2文の【理由】の従属接続詞 **now that S′ V′ ...**「**もはや…なので**」に注目です！

① 「写真が10秒程度で消失する」

▶ 「ソーシャルメディア・サイトに，全ての写真，チャット，現状の更新がクラウドに保存されてしまうので」とあることから，①の「10秒で消失する」が，本文の「クラウドに保管される」と明らかに矛盾します。「消失される」と「保管される」というVの意味がほぼ逆になっていますね。　公式 1 ◀肯定否定，反対語によるウソ

② 「写真がフェイスブックに投稿される」

▶ 「勝手な限定」で×。この段落には，「ソーシャルメディア・サイト」としか述べられておらず，勝手にこれらの話を「フェイスブック」の話と決めつけて，限定するのは×。 公式 2 ◀極端な言い回しによるウソ

③ **「投稿された写真が長期間アクセス可能である」**

▶ 「長期間アクセス可能である」と，本文の「クラウドに保管される」という内容には矛盾がないのでこれを正解とします。

④ 「ソーシャルメディアのサイトは人気がある」

▶ 「人気がある」が記述無し。 記述なし

問2 スナップチャットで共有した写真はどうなるのか。

思考プロセス

リード文より，スナップチャットについて述べられている部分を探しましょう。第1パラグラフは，スナップチャットについて全く触れておらず，解答根拠になる可能性は低そうです。スナップチャットが登場するのは，第2パラグラフ第4文以降ですね。この辺りが解答根拠ではないでしょうか。

ここで，実戦的なアドバイスとして，本文を本格的に読み進める前に，先に選択肢の内容を事前に頭に軽く入れておくのが良いかもしれません。

この設問では，4つの選択肢がとても短く，簡単な単語が多いので，内容を覚えてしまうのにそれほど苦労しないはずです。

4つの選択肢の内容を事前に覚えておき，それで本文を読み進めます。ただし，覚えた4つ選択肢の内容が出てこないうちは，速度をアップして軽めに確認程度で読み進めていき，4つの選択肢のどれかの内容が本文に出てきたら，そこは，速度を落として正確さ重視でじっくり読み込

みこむのです。

　そういった読み方で攻めれば，それほど時間がかからずに，第2パラグラフ第5文の「**約10秒以内でその映像は…消滅する**」という箇所が見つかるはずです。正解は①です。

　本番では，この問2で，時間を稼ぐ，時間の貯金を作っておく必要があります。つまり，他の設問より短時間で解答を出して，早く解けた分の少し余った時間を，他のもっと難しい設問のほうにまわす必要があるのです。

① 「**削除される**」
② 「投稿される」
③ 「記録される」
④ 「保管される」

問3　フェイスブックを開設したマーク・ザッカーバーグは，スナップチャットに対してどのような反応をしたか。

【思考プロセス】

　まずは，リード文をチェックしましょう。リード文には，マーク・ザッカーバーグ」という，他の設問に登場していない固有名詞がありますね。この「マーク・ザッカーバーグ」が，本文のどこに出てくるか？　見つかれば，その付近が解答根拠である可能性があります。

　第3パラグラフ第3文目で，「フェイスブック社のマーク・ザッカーバーグ」を発見。このパラグラフの後半付近が解答根拠ではないか，と考えてみましょう。

　第3パラグラフ最終文に「ザッカーバーグは poke と呼ばれるスナップチャットアプリを立ち上げた」とあるので③が正解です。

　copycat app「模倣したアプリ」というフレーズの **copy**「**コピー，マネ，模倣**」に注目です。フェイスブック社のザッカーバーグは，スナップ

チャットというアプリの特性(投稿写真がすぐに消えること)を真似て，自分たちの会社で，自前のアプリケーションである poke を立ち上げたわけです。

① 「プライバシーに関して懸念を感じた」

▶この選択肢は最終文 must worry that ...「…ということを心配した」という部分とそっくりですが，that 節の内容を誤読してしまい，これを正解とした人も多いのではないでしょうか。作問者は，この①の選択肢で，受験生を惑わせて，少しダメージを与えようというつもりなのでしょう。

　しかし，that 節の内容を正確に理解している人は，迷わず×にしたはず。ザッカーバーグが懸念した内容とは，「スナップチャットという他社のアプリケーションが，フェイスブック上のプライバシーについて心配している一般の人々の心をとらえている」ということ，つまり「フェイスブック社の利用者が，スナップチャットへ流れてしまうのではないか」ということです。

　ザッカーバーグは，プライバシー流出の全般的な問題について懸念していたのではありませんので，この選択肢は×です。 記述なし

② 「辞職せざるをえなかった」 記述なし

③ 「彼自身のアプリを開発した」

▶これが正解です。

④ 「この選択肢のどれでもない」

正解 問1 ③ 問2 ① 問3 ③

GRAMMAR FOR READING ⑧

関係代名詞whoseの用法

■ 不定詞が目的語をとる

　第1パラグラフ1文目の **the ability to control how ...** の箇所ですが，多くの人が，the ability to *do* ～「～できること，～できる能力」で丸暗記して終わり，思考停止の状態に陥ってしまいます。ここで停止せず，to *do* に対しても，さらに目的語＝(O)を探しながら読み進めていきましょう！

　本文では，疑問詞 how「どれほど…かということ」が作る名詞節が，to control の不定詞(準動詞)に対する目的語＝(O)になっているのです。

〔例〕
$$\underset{\text{S}}{\text{He}}\ \underset{\text{V}}{\text{made}}\ \underset{\text{O}}{\text{a decision}}\ \overbrace{\underset{\text{(V)}}{\text{to join}}\ \underset{\text{(O)}}{\text{the army}}}^{\text{全体でM}}.$$

「彼は軍隊に入る決心をした」

　例えば上の文で，a decision は主節の V に対する目的語＝O になっています。それとは別に，the army は，to join という不定詞に対する目的語＝(O)になっていますね。同じ「目的語」ですが，英文中のレベルが異なるのです。主節レベルに対する目的語＝O については多くの人が意識できていますが，不定詞に付く目的語＝(O)までは意識できていない人がいるので注意してください。

■ 関係代名詞 whose の用法

　第2パラグラフの第2文の **whose** の部分ですが，並べ替え問題などでも頻出の重要ポイントです。

※ whose の特徴

①関係詞の一種で，形容詞節を作る。

②「形容詞」とは名詞に対する説明のこと。形容詞節は，whose が大きなカタマリ（節）を作り，名詞（先行詞）に説明を加えます。

③ whose のカタマリ内側には，完全な文が入り込んでいます。また，whose は，いったん「その」と訳しておけば，意味を捉えることができるはずです。

④ whose のカタマリ内側の完全文は，通常の SVO の語順が移動し，OSV となっている場合が入試では狙われやすいので注意しましょう。

⑤ whose の直後には，冠詞や所有格が一切つかない「ハダカの名詞」が常に置かれている，という点も要注意！

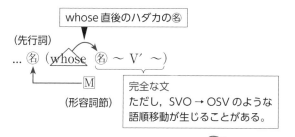

〔例〕There were some words (whose meanings I did not know).
　　　　　　　　　　　　　　　　　　　O′　　S′　　　　V′

「いくつかの単語があった(その意味を，私は知らなかった)」
⇒「(意味を知らない)単語がいくつかあった」

　この例でのハダカの名詞は meanings です。もともとは **their** meanings「**それらの**単語の意味」という【所有格】だったものが，**whose** meanings という【関係（代名）詞所有格】に変身したのです。

通常の所有格が，2つの文を関係づける（＝2つの文をつなげる）ために，関係詞所有格へと変身しているのです。

　もし whose を使わず，通常の所有格 their のままなら，文がつながらずに，途中で切れてしまうのです。

WRITING PICK UP ⑧

それって何のため？

今回の英文は「SNS」に関するものでしたが，ライティングでは，「スマホ」や「SNS」に関連した題材は頻繁に取り上げられます。

では，今日のライティングテーマです。

Should students be allowed to freely use their smartphones in high school? Why or why not? Write about 100 words in English.

「高校生は学校でスマホを自由に使用することを許されるべきか」というテーマです。スマホは高校生にとって身近なものですが，同時に様々な問題点も指摘されているものですね。こうした**「身近な社会問題」**は，高校生へのライティングテーマとして選ばれやすいのです。

また，**今回の出題では，「学校で（高校で）」**という点をしっかりと意識しましょう。この問題を「高校生にスマホの使用を許すべきか」と思い込んで解答してしまう生徒は意外と多いんです。

たとえば，「スマホに夢中になってしまい睡眠時間が少なくなるので健康に良くない」というような理由は，「学校でスマホを使用すること」とは関係がないものなので，ダメなわけです。

では，しっかりと問いに答えた解答を期待しています。解答作成がまだ難しいという場合でも構成案はしっかりと作りましょうね。

● **Model Answer ①** 「学校でスマホを自由に使用することを許されるべき」

では，モデルアンサーを見てみましょう。自由に使用することを許されるべきだと主張した場合の解答です。

Students should be allowed to freely use their smartphones in high school. Firstly, smartphones can help students learn better. For example, when we are learning about microorganisms such as tardigrades in biology class, our phones enable us to see them moving, making it easier

---

for us to visualize and remember them. Secondly, students should learn how to deal with their smartphones. One of the purposes of education is to prepare students for the future. When we start working, we will always have our phones with us. To prepare for such situations, we need to learn about when and when not to use our phones. (104)

<訳>

　高校生は学校で自由にスマホを使うことを許されるべきだと思います。第一に，スマホは生徒の学習の質を高めます。例えば，生物の授業でクマムシなどの微生物について学んでいるとき，スマホを使えばクマムシの動きを見ることができ，イメージしやすく，覚えやすくなります。第二に，高校生はスマホとの付き合い方を学ぶべきです。教育の目的のひとつは，将来のための準備です。社会人になれば,常にスマホを持ち歩くことになるでしょう。そのときに備えて,スマホを使うべきときと使うべきではないときを学んでおく必要があるのです。

　高校生の学校でのスマホの自由な使用を肯定する論拠として，まず「学習の質が高まる」と述べ，その具体的な場面をあげて1つ目の理由としていますね。え，なぜクマムシか，ですか。なんか好きだからです（笑）

　さて，次に2つ目の理由として「（将来に向け）スマホとの付き合い方を学んでおくべき」と述べ，展開しています。この2つ目の理由に今回取り上げたいポイントが含まれています。

● 意義・目的・役割を述べる

　今回のポイントは【意義・目的・役割を述べる】ということです。モデルアンサーの2つ目の理由に，「教育の目的のひとつは…」という部分がありますね。**「教育の目的は"将来のための準備"なのだから，将来使うものである以上，スマホとの上手な関わり方だって準備させてあげるべきですよ」**と展開しているわけです。

　こうした「○○の意義」,「○○の目的」,「○○の役割」などに触れる書き方は，**社会的なテーマを扱う際には非常に役立つもの**です。本質や起源に立ち返って理由付けするこうした方法は，準備しておけば様々な場面で使えます。

　たとえば今回の「教育の目的」以外にも，「選挙の目的」,「早期学習の目的」,「留学の意義」,「大学の意義」,「動物園の意義」,「労働の意義」,「医療の役割」,

「国家の役割」,「ペットの役割」など挙げればキリがありません。もちろんそれぞれに対する答えは1つではありませんから,社会をよく見つめ,調べ,考え,少しずつより良い答えに近づけていってください。

「スマホ」に関するテーマは,今回のような出題だけではなく,「**小さい子どもにスマホは必要か**」というような問い方で,英検でも出題されています。
　また,関連したテーマとして,「授業内でインターネットやタブレットを使うことのメリット・デメリット」を問う問題が,2020年に名古屋工業大学で,「スマホが社会にもたらした変化」を問う出題が2018年の福島大学でもなされています。
　このように,様々なところで問われるテーマです。展開方法も含めしっかりと準備しておきましょう。

Useful Expressions

□ **help A (to) *do*「Aが*do*するのを助ける／に役立つ」**
→ 同じ言語を話すことは私たちがお互いをよりよく理解するのに役立つ。
Speaking the same language helps us understand each other better.

□ **enable A to *do*「Aが*do*するのを可能にする」**
→ よい教育を受けることは私たちがよい仕事に就くことを可能にする。
Receiving a good education enables us to get a good job.

□ **make *A do*「Aに*do*させる」**
→ 動物園は地球上には多くの絶滅危惧種がいることを私たちに気付かせてくれる。
Zoos make us realize that there are many endangered species on earth.

Students should not be allowed to freely use their phones in high school because smartphones distract students. If students use their phones in class, many of them will divide their attention between class and their phones. This makes it hard for them to concentrate on studying. In addition, smartphones deprive students of time to think. At the root of learning any subject is the goal of developing thinking skills. The more you use your brain, the stronger your ability to think becomes. The Internet is full of answers. This is convenient at times, but it takes away the opportunity to think for ourselves. (103)

<訳>

集中の妨げとなるので，高校で生徒がスマホを使うことを認めるべきではありません。授業中にスマホを使うと，多くの生徒が授業とスマホの両方に意識を割かれることになります。これでは，勉強に集中できません。さらに，スマホは考える時間を奪います。どんな科目の学習でも，その根底には「考える力をつける」という目的があります。頭を使えば使うほど，考える力は高まります。インターネットには答えが溢れています。それは便利なこともありますが，自分で考える機会を奪ってしまうのです。

次の文章を読んで，以下の各問に答えなさい。

1　When my nephew graduated from high school, he decided not to enroll in college. The family thought, well, he'll mature. Then he'll want to get serious. But he has taken a sharp turn that we didn't expect. He qualified as a home health aide, fell in love and is raising two boys. When I see him, he shows me his artwork and talks about ₅ making money "selling stuff online." This choice — to slow way down in one's 20s instead of speeding onto the career highway — is foreign to me. But I thought, maybe he's an exception.

2　Then I spoke to a friend, an aspiring filmmaker in her early 30s who just went on "sabbatical" for a month in Mexico. She worked ₁₀ on a farm by day and edited film during her off hours. I thought, that must be nice, as I turned back to my two-income, two-car household, a home loan and college savings plans for two teenagers. But I wonder whether my nephew and my friend are on to something: savoring life without all the expense. Studies say people ₁₅ under 35 are coming to terms with being the first generation to do worse economically than their parents. Secure careers, pensions and even rising wages seem to be things of the past, while the cost of a university degree continues to climb. So, owning a home or a car isn't a priority or even a long-term goal for many. ₂₀

3　This trend goes by different names: living simpler, slower, smaller. But lowered expectations don't entirely explain the shift — which I observe in individuals of every generation. For many, the prolonged Great Recession cut monthly incomes drastically, and people have had to live with less. Too, daily news about terrorism here and abroad reminds us how short life can be.

4 Slower living has puzzled economists. Consumers — the term that economists use for human beings — didn't increase spending in January, even though low gasoline prices were making things easier for people financially. Analysts at Visa Inc. found that we're mostly saving that unspent money or using it to pay debts. With job growth in 2014 the strongest it's been since 1999, you would think people would feel confident to spend. But January sales fell more than expected at many clothing stores, department stores and furniture outlets. Some people seem to be resetting their priorities. As we learn about what makes a human happy, we're valuing experiences over things. If you want to feel really good, go someplace beautiful with people you love. It will give you more happiness than a designer jacket or an expensive watch.

各問の答えとして最も適切なものをそれぞれ1つ選びなさい。

問1 （Paragraph 1）The writer and her family
① expected her nephew to eventually get a college education.
② tried to prevent her nephew from doing what he wanted to do.
③ were extremely worried when her nephew did not go on to college from high school.
④ encouraged her nephew to explore alternative lifestyles.

問2 （Paragraph 2）Choose the one answer that is <u>not</u> true. The writer mentions her filmmaker friend
① because her friend's example has caused the writer to think

about her own lifestyle.

② as an example of a young person who has chosen to do what she really wants to do, whether it brings her a lot of money or not.

③ because she herself is very dissatisfied with her own lifestyle.

④ because she wants her readers to think about whether or not we need our current expensive lifestyle.

問3 (Paragraph 2) According to the writer, insights from social research show that

① young people are currently rejecting pensions and secure careers.

② rising wages are a phenomenon that we will not see again.

③ every generation until now has been economically better off than that of its parents.

④ young people are finding it hard to adjust to the new realities.

問4 (Paragraph 3) The writer thinks that

① people are becoming more interested in owning things.

② people in the future will never give up owning a home or a car.

③ young people are less happy than the generation of the Great Recession.

④ people have been forced to find new ways to live without needing so much money.

問5 (Paragraph 4) Choose the one that is <u>not</u> true. The writer suggests that

① economics does not place enough emphasis on human beings.

② economists predicted the trend toward simplicity and slower living.

③ people are spending less money.

④ there is a trend for people to want to pay off their credit card debt.

問6 (Paragraph 4) Choose the sentence that is true, according to the writer.

① People are purchasing less, despite the fact that unemployment is falling.

② The number of jobs fell in 2014.

③ Economists have created confusion about the current situation.

④ Consumer spending has been increasing.

第1パラグラフ

- しないように決心した

①〈When my nephew graduated from high school〉, he decided not to enroll in college. ②The family thought, [▲ well, he'll mature. ③Then he'll want to get serious.] ④But he has taken a sharp turn (that we didn't expect ●.) ⑤He qualified as a home health aide, fell in love and is raising two boys. ⑥〈When I see him,〉 he shows me his artwork and talks about making money "selling stuff online." ⑦This choice — (to) slow way down in one's 20s instead of speeding onto the career highway — is foreign to me. ⑧But I thought, [▲ maybe he's an exception].

①私の甥が高校を卒業したとき，彼は大学に入学しないことを決めた。②③家族は，まあ，彼は成熟するだろう，そしてまじめになりたいと思うだろうと考えた。④しかし，彼は私たちが予期していなかった急転換を図った。⑤彼は在宅介護助手の資格を得て，恋に落ち，現在2人の男の子を育てている。⑥私が彼に会うと，私にアートワークを見せてくれ，「ネットでものを売って」お金を稼いでいることについて話してくれる。⑦出世街道に急いで乗るのではなく，20代で減速するというこの選択は，私には奇異に見える。⑧しかし，私は彼が例外かもしれないと思った。

✓ **Word Check** - ○

- [ ] nephew　名「甥」
- [ ] mature　動「成長する，成熟する」
- [ ] qualify　動「資格を得る」
- [ ] artwork　名「アートワーク」
- [ ] online　形「オンラインで」
- [ ] highway　名「幹線道路，ハイウェイ」
- [ ] enroll　動「入学する」
- [ ] expect　動「予期する」
- [ ] aide　名「助手」
- [ ] stuff　名「もの」
- [ ] speed　動「急いでいく」
- [ ] exception　名「例外」

● **第2パラグラフ**

①Then I spoke to a friend, an aspiring filmmaker in her early 30s (who just went on "sabbatical" for a month in Mexico.) ②She worked on a farm by day and edited film during her off hours. ③I thought, [that must be nice], as I turned back to my two-income, two-car household, a home loan and college savings plans for two teenagers. ④But I wonder [whether my nephew and my friend are on to something: savoring life without all the expense]. ⑤Studies say [people under 35 are coming to terms with being the first generation to do worse economically than their parents.] ⑥Secure careers,

194

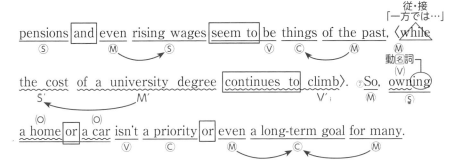

①それから私は，30代前半の意欲あふれる映画製作者であり，ちょうどメキシコに1か月間長期休暇へ行った友人と話した。②彼女は日中に農場で働き，勤務時間外に映画を編集した。③共働きで，2台の車を持ち，住宅ローンがあり，2人の子供が大学に行くための貯蓄計画を立てている私の家庭を振り返ると，彼女の生活は魅力的に違いないと私は思った。④しかし，私の甥と友人は，お金をかけずに人生を満喫できるということに気付いているのではないかと思った。⑤調査によると，35歳未満の人々は，両親より経済的に恵まれない最初の世代であるということを受け入れているという。⑥安定した職業，年金，賃金の上昇は過去のものであるように思われ，一方で大学の学位を取るための費用は上昇し続けている。⑦そのため，多くの人にとって家や車を所有することは優先事項ではなく，また長期的な目標ですらない。

✅ Word Check

- □ aspiring 形「意欲あふれる」
- □ sabbatical 名「研究休暇，サバティカル」
- □ edit 動「編集する」
- □ *be* on to something 熟「何か面白いものを見つける」
- □ savor 動「満喫する」
- □ generation 名「世代」
- □ career 名「職業」
- □ wage 名「賃金」
- □ own 動「所有する」
- □ long-term 形「長期的な」
- □ filmmaker 名「映画製作者」
- □ loan 名「ローン」
- □ expense 名「費用，出費」
- □ secure 形「安定した」
- □ pension 名「年金」
- □ a university degree 「大学の学位」
- □ priority 名「優先事項」

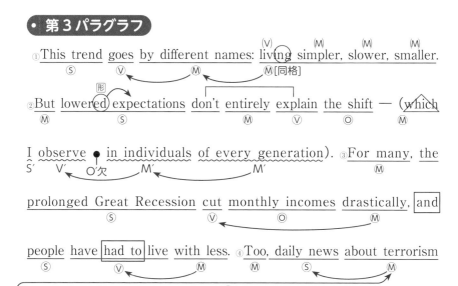

①この傾向は簡素な生活，ゆっくりとした生活，小さい生活など，異なった呼ばれ方をしている。②しかし，下がった期待だけがこの転換の理由となっているわけではない。これは，私が各世代の個人において気付いたことである。③多くの人々にとって，長期にわたる大不況は月々の収入を大幅に減少させ，人々はより少ないお金で生活をしなければならなくなった。④その上，国内外のテロに関する日々のニュースは，いかに私たちの人生が短いものになりうるのかを思い出させるのだ。

✓ Word Check

- □ trend 名「傾向」
- □ explain 動「説明する」
- □ in individual 熟「個人で」
- □ recession 名「不況」
- □ remind O₁ O₂ 熟「O₁ に O₂ を思い出させる」
- □ different 形「異なる」
- □ shift 名「転換」
- □ prolonged 形「長期に渡る」
- □ terrorism 名「テロ」

①Slower living has puzzled economists. ②Consumers — the term

関・名
(that economists use ● for human beings) — didn't increase

spending in January, 〈even though low gasoline prices were making

things easier for people financially.〉 ③Analysts at Visa Inc. found [that

従・接

we're mostly saving that unspent money or using it to pay debts.]

付帯
④With job growth in 2014 the strongest (↑ it's been ● since 1999), you

that[関・名]の略

would think [↓ people would feel confident to spend.] ⑤But January

that[従・接]の略

sales fell more than expected at many clothing stores, department

stores and furniture outlets. ⑥Some people seem to be resetting their

priorities. ⑦〈As we learn about [what ● makes a human happy]〉,

前〜よりも

we're valuing experiences over things. ⑧〈If you want to feel really good〉,

that[関・名]の略

go someplace beautiful with people (↓ you love ●.) ⑨It will give you

more happiness than a designer jacket or an expensive watch.

①ゆっくりとした生活は経済学者を困惑させた。②消費者(経済学者が人に使う用語)は，ガソリン価格が低いことで人々の財政的な負担が軽減されているにもかかわらず，1月に支出を増やさなかった。③Visa Inc.のアナリストは，私たちのほとんどは使わなかったお金を貯蓄するか，負債の返済に当てていることを発見した。④2014年の雇用の増加は1999年以来最も高かったので，人は積極的に支出をするだろうとあなたは思うかもしれない。⑤しかし，1月の売上は多くの衣料品店，デパート，家具直販店で予想以上に落ち込んだ。⑥優先順位を設定し直している人もいるようだ。⑦人間を幸せにするものについて学ぶ中で，私たちは物よりも体験に価値を置くようになっている。⑧本当にいい気分になりたいなら，愛する人と一緒に美しい場所に行きなさい。⑨それはデザイナージャケットや高級腕時計よりもあなたに幸せをもたらすだろう。

✓ **Word Check** - ○

　□ puzzle 　動「困惑する」　　　　　　□ gasoline 　名「ガソリン」
　□ confident 　形「自信がある，確信している」
　□ department store 　「デパート」　　　□ reset 　動「設定し直す」
　□ experience 　名「経験，体験」　　　　□ someplace 　副「どこかへ」
　□ happiness 　名「幸せ，喜び」　　　　　□ jacket 　名「ジャケット」

○と×の根拠づけをしよう

問1　(第1パラグラフ)筆者とその家族は

思考プロセス

　設問にパラグラフ番号の指定がありますから，それに基づいて第1パラグラフを見ます。そうすると，第1パラグラフ第2文(The family thought, ...)と第3文(Then he'll want ...)に，家族は，甥が「成長する(考え方が大人になる)」ことで「真剣になる(真面目に考えるようになる)」だろうと考えていたことが書かれています。

　つまり，**家族は，甥がそのうち将来のことを真面目に考え，大学に進**

学するだろうと考えていたことが分かりますね。よって，①が正解です。
他の選択肢は本文中に記述がありません。

① 「彼女の甥が結局は大学教育を受けるだろうと思っていた」
▶正解

② 「彼女の甥がしたいことをするのを妨げようとした」 記述なし

③ 「彼女の甥が高校から大学へ進学しなかったとき，とても心配した」
記述なし

④ 「彼女の甥が別の生き方を模索するのをはげました」 記述なし

問2　(第2パラグラフ)誤った選択肢を選びなさい。筆者が映画製作者
　　　の友人のことに触れた理由は

思考プロセス

　　第2パラグラフの内容に関する設問ですから，まずは第2パラグラフ
に戻ります。そうすると第2文(She worked on a farm ...)と第3文(I
thought, that must be ...)の記述から①と②は本文と一致することが分
かります。少々厄介なのが③と④です。答えとしては，④は文全体の趣
旨に合致する選択肢であり，誤った選択肢として正解となるのは③です。
この点は少し難しいので，③の解説として説明を追加しておきます。

① 「例として挙げた友人の生き方が，筆者に自身の生き方を考えさせた
　　から」
▶第2パラグラフ第3文(I thought, that must be ...)に一致。

② 「収入面で恵まれようと恵まれなかろうと自分が本当にやりたいこと
　をすることを選んだ若い人の例として」
▶ 第2パラグラフ第2文(She worked on a farm ...)からの内容に一致。

③ 「彼女自身が自分のライフスタイルに非常に不満足だから」

▶ ③も④も，どちらも第2パラグラフのみで判断ができる選択肢ではな
　く，筆者の今回のテーマにおける「スタンス」や「言いたいこと」を
　文全体から捉える必要があります。

　　確かに第2パラグラフ第3文(I thought, that must be ...)には，筆
　者が「現代の"普通"のライフスタイル」ではない友人のライフスタイ
　ルをやや羨んでいるような記述があります。

　　ただ，筆者が第1パラグラフで甥の選択を「foreign to me(自分に
　は馴染みがないもの)」と述べている点などからも分かるように，筆
　者は決して自分のライフスタイルに不満があるわけではなく，この新
　しいライフスタイルに純粋に関心を持っているだけだと分かります。
　もちろん，筆者が自分のライフスタイルに非常に不満であることが書
　かれている箇所はありません。筆者は，こうした新しい考え方との出
　会いを現代のライフスタイルを見つめ直すきっかけにして欲しいと考
　え，文章を書いたのだとそれ以降の内容から読み取れますね。全体の
　趣旨やメインメッセージに関する問題は上位の大学ほど出題されやす
　い傾向があります。しっかりと判断できるようにしましょう。これが
　正解です。　　　　　　　　　　　　　　　　　　　　　　 記述なし

④ 「現在のお金のかかるライフスタイルが必要なのかどうか，読者に考
　えてほしかったから」
▶ 文全体の趣旨と一致。

問3 （第2パラグラフ）筆者によると，社会調査から見えてくることは

思考プロセス

リード文にしたがって第2パラグラフに戻ると，第5文(Studies say people under 35 ...)のところが今回の該当箇所になりそうだと分かりますね。

この文中に若者の世代が"the first generation to do worse economically than their parents"であると記述があります。「自分たちの親の世代よりも経済的に恵まれないはじめての世代」であるということは，それまでの全ての世代がずっとその親世代よりも良い経済状況であり続けてきたということになります。

そうすると，③の選択肢が本文のこの箇所の言い換えとなっていることが分かりますね。よって，③が正解です。every のような「全て」を意味することばが付いていることを理由にしっかりとした検討を怠った人は間違えてしまった可能性があります。そういったことがないようにしてください。

なお，②と④も勉強になるので解説を加えておきます。

① 「若い人たちは現在のところ，年金や安定した職業を拒否している」

記述なし

② 「賃金の上昇は今後私たちが二度と目にすることのない現象である」

▶第2パラグラフ第6文(Secure careers, pensions and even rising wages ...)には確かに"things of the past(過去のもの)"という記述があります。

ただ，注目してほしいのは本文中，その文の動詞です。seem to be となっていることに気付いたでしょうか。seem 〜は「〜のように思われる／思える／見える」といった意味で，書き手の「主観的な判断・印象・推定」を示すものです。つまり，本文中には賃金の上昇などが

まるで過去のもののようだ，と述べてられているわけです。選択肢②はその主観的なニュアンスを消し去って極端に言い切ってしまっていますね。それゆえに正解の選択肢とはならないのです。しっかりとこの選択肢を切れたでしょうか。 公式 2 ◀ 極端な言い回しによるウソ

③ 「これまでのすべての世代はその親の世代よりも経済的に恵まれてきた」

▶第2パラグラフ第5文(Studies say people under 35 ...)の内容に一致。これが正解。

④ 「若い人たちは新しい現実に適応するのが困難だと思っている」

▶第2パラグラフ第5文(Studies say people under 35 ...)に若者たちがそういった現実に come to terms with していると述べられていますね。"come to terms with A"で「A(困難など)を受け入れる・折り合いをつける」という意味です。したがって，本文と反対のことを述べている選択肢ということになり不正解です。熟語の知識もしっかりとつけていきましょうね。 公式 1 ◀ 肯定否定，反対語によるウソ

問4　(第3パラグラフ)筆者は次のように考えている

思考プロセス

　第3パラグラフを読んでいくと，第3文(For many, the prolonged Great Recession ...)の箇所に行き当たりますね。その文の後半に people have had to live with less という記述があります。そうすると，選択肢④の have been forced to は，本文中この箇所の have had to を言い換えたものだということが分かりますね。

　この選択肢の後半部分も，本文中のその前の文の展開を読んでいれば同じ内容だと分かると思います。したがって④が正解です。②と③は記述がありません。

① 「人々は物を所有することにより興味を持つようになってきている」

▶第3パラグラフ第1文(This trend goes by ...)と第4パラグラフ第7文(As we learn about ...)の内容と不一致。

公式1 肯定否定，反対語によるウソ

② 「人々は今後も家や車を所有することを決してあきらめないだろう」

記述なし

③ 「若者は大不況に直面した世代よりも不幸である」

記述なし

④ 「人々はそれほどお金を必要としない新しい生活様式を見つけざるを得なくなった」

▶正解

問5　(第4パラグラフ)誤った選択肢を選びなさい。筆者が示唆していないのは

思考プロセス

　設問を確認し，第4パラグラフを読んでいくと，第1文(Slower living has puzzled ...)から，**新しいライフスタイルが経済学者を困惑させた**ことがわかりますね。predict できていたのであれば，困惑することはないでしょうから，選択肢②は本文の内容と一致しないことが分かると思います。

　したがって，②が筆者の示唆していない内容ですから，正解の選択肢となります。①の選択肢はやや難しいので補足説明をしておきましょう。

① 「経済学は人間を重んじていない」

▶第4パラグラフ第2文(Consumers — the term that ...)から，経済学

者にとって人間は専門用語で捉えられるような観察や調査の対象であり，そこに個々の人間を人間として尊重するような意識が薄いことが見てとれますね。人を「もの」や「概念」としてしかとらえていないというイメージです。したがって，この選択肢は本文の内容に一致するため解答とはなりません。

②「経済学者は簡素でゆったりした生活が好まれることを予言していた」

▶ 第4パラグラフ第1文(Slower living has puzzled ...)の内容と不一致。これが正解。 | 公式1 ◀ 肯定否定，反対語によるウソ |

③「人々はお金を使わなくなってきている」

▶ 第4パラグラフ第2文(Consumers — the term that ...)と第5文(But January sales fell more ...)の内容に一致。

④「人々がクレジットカードの残債を全額清算しようとする傾向がある」

▶ 第4パラグラフ第3文(Analysts at Visa Inc. found ...)の内容に一致。

問6 （第4パラグラフ）筆者によると正しいものはどれか，選びなさい。

[思考プロセス]

第4パラグラフの内容を読んでいくと，第4文(With job growth in 2014 ...)と第5文(But January sales fell more ...)に，job growth(雇用の増大)が起きているにもかかわらず消費が伸び悩んだという記述がありますね。

この内容が選択肢①の内容と一致しているため①が正解です。③は解説を入れましょう。②と④はそれぞれ本文と反対の内容となってしまっています。

なお，①の選択肢で unemployment の "un-" を見落としてしまった

り，論理関係を把握しそこねてしまったりして，本文と一致していないと考えてしまった人がいたかもしれません。unemployment（失業率）が falling するということは job growth（雇用の増大）が起きているということです。読み違えることのないようにしましょうね。

① 「**失業率が下がっているにもかかわらず，人々は物を買わなくなっている**」
▶ 第4パラグラフ第4文（With job growth in 2014 ...）と第5文（But January sales fell more ...）の内容に一致。これが正解です。

② 「2014年，仕事の数が減少した」
▶ 第4パラグラフ第4文（With job growth in 2014 ...）の内容と不一致。

公式 1 ◀ 肯定否定，反対語によるウソ

③ 「現在の状況に関して経済学者が混乱を招いた」
▶ 第4パラグラフ第1文（Slower living has puzzled economists.）をぼんやり読んでしまうと，③がこの文を言い換えたものに思えるかもしれませんね。puzzle とは「困惑させる，混乱させる」という意味ですから，経済学者は混乱を招いてはいません。【主体のウソ】としても×。言葉の組み替えとしても×です。

公式 4 ◀ 主体のウソ

公式 9 ◀ 本文のフレーズをいくつか組み合わせたウソ

④ 「消費者の出費は増加している」
▶ 第4パラグラフ第2文（Consumers — the term that ...）と第5文（But January sales fell more ...）の内容と不一致。

公式 1 ◀ 肯定否定，反対語によるウソ

問1 ①　　問2 ③　　問3 ③　　問4 ④　　問5 ②
問6 ①

GRAMMAR FOR READING ⑨

ingの用法

　本文の第2パラグラフ最終文に，So, owning a home ... から始まる文がありますね。文頭でingを用いた文に出会ったら，以下の2つのパターンの可能性を考えましょう。

■ パターン①「動名詞句」

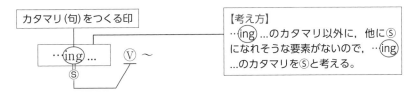

　この場合の ing のカタマリは，S になっている，つまり名詞の働きなので，【動名詞句】です。

　名詞っぽく「　…すること　が，Ⓥ ～する」とまずは訳してみて，その後，前後の文脈に合わせて微調整すればよいでしょう。

　パターン①では，この ing のカタマリが，S として，主節の一部に組み込まれているのです。

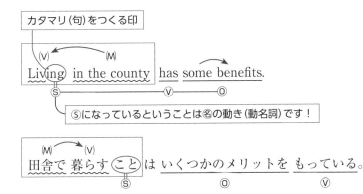

　※今回は，パターン①で，動名詞です。

■ パターン②「分詞構文」

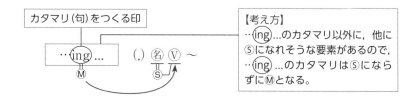

　この場合の ing のカタマリは，英文の中心要素である S にならずに，M（修飾語句）になっていますね。こうして文頭に置かれた M のカタマリは，主節全体（特に主節の V）にかかる副詞句の働きです。ing が作るカタマリが副詞句になっているものは特に頻出の構造パターンで，【分詞構文】と呼ばれ，学校の授業で聞いたことがある人も多いはずです。

　訳し方ですが，主節全体（特に主節の V）に対して説明を加えているイメージで，「 …して／…すると ，名 が Ⓥ ～する」のように訳します。

　このようにパターン②では，この ing のカタマリは，主節の一部にはなっていません。主節の外から，主節の V にかかっているのです。

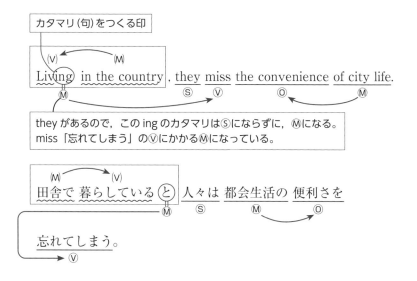

※ここでは,パターン②で,Mとなっています。文頭に置かれるMは,
主節全体(主節のV)にかかるのが原則。Vにかかるものは副詞なので,
このingのカタマリは副詞句(分詞構文)ということになります。主節
の内容「都会生活の便利さを忘れてしまう」に対して,「どういった
理由・状況で忘れてしまうのか」の具体説明になっているのがingの
部分です。

　以上を前提に,本文の第2パラグラフ最終文をもう一度見てください。
owningの **own**「**所有する(もっている)**」に注目し,「所有する」⇒「何
を?」という発想でツナガリをとらえていきましょう。

　owingの後にはa homeとa carがあり「家と車を所有する」とつながっ
ているわけです。これを,「家や車を所有すること」(動名詞)とするか,「家
や車を所有して」(分詞構文)となるかは,この後の構造がどうなってい
るかで決まるということになりますね。

　本文では,さらに読み進めていくと,isn't というVが見えますね。
つまり,isn't に対してSになれそうな名詞が他に見当たらないという
ことになります。ですからここで,ingのカタマリにSになってもらう
わけです。したがって owing a home and a car は,「家と車を所有する
こと」のような動名詞句として,Sになっていると考えられるわけです。

WRITING PICK UP ⑨
本当に大切なのは？──命とお金と理由の数

　今回の英文は，金銭などの物理的なものを重要視する価値観から，体験や経験などの精神的なものを重視する価値観への変化がテーマになっていましたね。こうした資本主義や商業主義に対する批判的な姿勢は，難しいものではあるものの，大学受験に向けて知っておくべきものです。

　今回はそうした観点を生かした論理展開ができる問題を扱ってみます。

Some people spend a lot of money on their pets. Do you think more people will do so in the future? Write about 100 words in English.

　「今後ペットにお金をかける人が増えるか」という問いですね。現在も多くの人がペットにたくさんのお金を使っているという点に触れた上で，この傾向が今後も続くと思うか，と聞いているわけですね。

　今回のようなペットに関する出題は多くの学習者によって身近なテーマであるため，書きやすそうだと思うかもしれませんが，いざ書いてみると，「可愛いから」や「楽しいから」というような理由しか思いつかず困ってしまう人が多かったりするのも事実です。**書けそうだと感じる問題ほど丁寧な論理展開を心がけましょう。**

　では，モデルアンサーです。

● Model Answer ①　「たくさんお金を使わない」─────────●
　モデルアンサー①では「お金を使わない」という主張の方を扱います。冒頭で触れた資本主義・商業主義に対する批判的観点がこのテーマに対する論理展開でどのように生かされているのか確認してみてください。

　I don't think more people will spend a lot of money on pets in the future. The biggest reason is that many people are beginning to realize how cruel the pet business can be. For example, in Japan, while many people buy pets at pet stores, large numbers of unsold pets are killed every year. The breeding of animals in poor conditions is also considered

---

as a major problem. More people are becoming aware of these issues, and more will oppose businesses that operate in that way. This should result in the more common use of pet shelters and more people deciding not to purchase from breeders. (108)

<訳>

　今後，ペットにお金をかける人が増えるとは思いません。最大の理由は，ペットビジネスがいかに残酷なものであるかを多くの人が気づき始めているからです。例えば，日本では，多くの人がペットショップでペットを購入しますが，その一方で，売れ残ったペットが毎年大量に殺処分されています。また，最近では，そうした業者による劣悪な環境での動物の繁殖も問題視されています。このような問題意識を持つことで，こうした状況を生み出している事業者に反対する人が増えるでしょう。その結果，アニマルシェルターを利用する人が増え，ブリーダーからの購入を控える人が増えるはずです。

　主張を述べた後に理由として「ペットビジネスがいかに残酷なものか人々が気づき始めているから」と続けています。その具体例として，**売れ残ったペットが毎年大量に殺処分になっていること**，加えて，**そうした業者による動物の繁殖環境の劣悪さ**を挙げています。その上でこうした問題を知った人々がペットビジネスに反対し，アニマルシェルターなどを利用していくようになるのではないかと述べていますね。

　なお，アニマルシェルターとは動物保護施設のことです。海外では日本よりもはるかにアニマルシェルターの利用率が高いことは知っておくとよいでしょう。

　今回の冒頭で述べたとおり，このモデルアンサーは全てをお金に変えようとする資本主義や，ペットの命を商品として扱う商業主義に対する批判的な立場をその論拠としています。難しく感じた人もいるかもしれませんが，**資本主義・商業主義のメリット・デメリット**は，大学入試に向けて一度は考えておくべきものですから，しっかりと。

　さて，今日は理由についてたくさん説明しましたので，ポイントでも「理由」について考えてみたいと思います。

● 理由の数 ─────────────────────────────────●

　今回のポイントは【理由の数】についてです。「理由を○個挙げ…」などの文言がある場合は別として，100語程度の自由英作文を書く際に理由はいくつ書くのが良いのでしょうか。

　結論から言うと，理由の数は【いくつであっても構わない】のです。説得力の有無は理由の数で決まるものではありません。**理由が十分に具体化されしっかりと展開されている（well-developed）であることが重要**なのです。

　もちろん，100語程度の自由英作文であれば，理由を2つくらい挙げた方が書きやすく感じる人が多いことは事実です。ただ，それは**ひとつの理由についてそれほど突っ込んで展開しなくてもよくなるということも影響している**可能性があります。決して「2」や「3」というような理由の「数」に説得力を高める魔法の力が備わっているわけではないのです。

　なぜ今回こんな風に「理由の数」について取り上げているかというと，これだけ言っても多くの人が，

| I agree with the statement that 〜. I have two reasons. |

と理由の個数までを一気に書いてから，理由をどうするか悩むからです。つまり，【理由が2つ】が発想として先にあり，それに合わせて理由を考えていこうとしてしまうわけですね。それは正しい思考プロセスではありません。**大切なのは「理由と展開が思いつく立場の主張をすること」**ですから，理由の「数」はその結果として決まるものに過ぎないのです。くれぐれも**「理由の数ありき」で英文を書き始めるようなことがないように**してください。

　加えて，そもそも **"I have two reasons."** というような理由の個数の表明そのものが，**基本的には不要なものである**ことも知っておくとよいでしょう。「理由の数」を読み手に伝えることは読み手に自分の主張を納得してもらうのには役立ちません。First 〜 Second 〜と書いていけば理由の個数は伝わりますから，わざわざ限られた語数の一部を割いて書く必要がないのです。

　「いくつ理由が書かれているか」よりも「理由が十分に展開されているか」の方が重要であるという点をしっかり押さえておいてくださいね。

　今回のテーマは「ペット」についてでしたが，ペットも含めた**「動物関連」**のテーマはよく出題されています。たとえば，「動物実験の是非」や「動物園の是非」はライティングやスピーキング，さらにリスニングの題材としても

頻出です。少し調べてみるだけでも，2014年の宇都宮大学での「ペットの存在は健康に有益か」というテーマでのライティングの出題，さらに，2018年一橋大学での「"日本が憲法に動物の権利を定めた"というテーマのニュースを書け」という出題，2020年宮城教育大学での「動物園についてどう思うか」という出題に行き当たります。大学入試だけでなく英検やTEAP，GTECなどでも問われ得るテーマです。しっかりと準備しておきましょう。

Useful Expressions

- □ how 形・副 ～ 「どれほど(いかに) 形・副 ～であるか」
  - → 外国語を学ぶと学生はいかに自分たちが母語に無関心であるかに気づく。
    Learning a foreign language makes students realize how indifferent they are to their mother tongue.
- □ consider *A* as *B* 「AをBだと考える」
  - → 日本ではまだ目上の人に意見することは避けるべきことであると考える人たちがいる。
    In Japan, some people still consider it as something to avoid to express their opinions to their superiors.
- □ ○ times as ... as ～ 「～の○倍…」
  - → 高校生になって，私はスマホを使う時間が小学生の頃の3倍になった。
    As a high school student, I spend three times as much time on my smartphone as I did in elementary school.

● Model Answer ② 「たくさんのお金を使う」

　　More people will spend a lot of money on pets in the future. First, many people consider their pets to be part of the family and are more concerned about their health. I myself often buy expensive but healthy pet food for my dog, Linda. In addition, improvements in pet environments have extended the life span of pets. For example, in 1975, the average life expectancy of a dog was about four years. Today, the average dog lives four times as long. Just like humans, pets need more care as they age. That's another reason people spend a lot of money on their pets. (104)

<訳>

　今後, ペットに多くのお金をかける人が増えるでしょう。まず, 多くの人がペットを家族の一員と考え, その健康に気を配るようになりました。私自身も, 愛犬のリンダのために, 高価だけど健康に良いペットフードをよく買います。また, ペットを取り巻く環境が改善されたことで, ペットの寿命も延びています。例えば, 1975年当時, 犬の平均寿命は約4年でした。現在では, 平均的な犬の寿命はその4倍になっています。人間と同じように, ペットも年齢を重ねるごとにケアが必要になります。これも, ペットに人々がたくさんのお金をかける理由のひとつです。

第10問

次の英文を読んで設問に答えなさい。

We should know that "greed" has little to do with the environmental crisis. The two main causes are population pressures, especially the pressures of large metropolitan populations, and the desire — a highly commendable one — to bring a decent living at the lowest possible cost to the largest possible number of people. ₅

The environmental crisis is the result of success — success in cutting down the mortality of infants (which has given us the population explosion), success in raising farm output sufficiently to prevent mass famine (which has given us contamination by pesticides and chemical fertilizers), success in getting people out of the noisome tenements of ₁₀ the 19th-century city and into the greenery and privacy of the single-family home in the suburbs (which has given us urban sprawl and traffic jams). The environmental crisis, in other words, is largely the result of doing too much of the right sort of thing.

To overcome the problems that success always creates, one must ₁₅ build on it. But where to start? Cleaning up the environment requires determined, sustained effort with clear targets and deadlines. It requires, above all, concentration of effort. Up to now we have tried to do a little bit of everything — and tried to do it in the headlines — when what we ought to do first is draw up a list of priorities. ₂₀

（注）noisome tenements：不健康な安アパート

上の英文の内容に合うように，次の問１〜問５の英文に続く最も適切なものを①〜④の選択肢の中から一つ選び，番号で答えなさい。

問1　This passage assumes the desirability of (　　　　).

① the pressure on city dwellers to do the same things as other members

② living in comfortable family lifestyles

③ aging of the metropolitan area

④ taking an interest in in environmental issues

問2　The second paragraph suggests that (　　　　) might lead to overcrowded roads.

① seeking for more attractive living conditions for many people

② the situation in which people don't do the right kind of things

③ the destruction worked by pesticides and chemical fertilizers upon environment

④ a drastic decrease in agricultural products

問3　According to this passage, one early step in any effort to improve the environment would be to (　　　　).

① return to exclusive use of natural fertilizers

② put a high tax on profiteering industries

③ ban the use of automobiles in and around cities

④ set up a timetable for corrective actions

問4　According to this passage, the effort to improve the environment will require (　　　　).

① a number of years to complete

② a lowering of the living standards of most people

③ the elimination of motor traffic in cities

④ many sacrifices on the part of the well-to-do

216

問5　According to the last paragraph, environmentalists have (　　　　).

　① planed too complicated strategies

　② waged the battle on too many fronts at the same time

　③ decided on the priorities

　④ carried out their plan in secret

● 第1パラグラフ

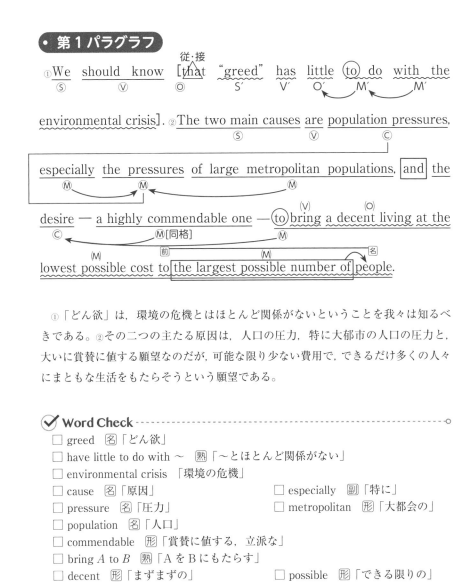

①We should know [that "greed" has little to do with the environmental crisis]. ②The two main causes are population pressures, especially the pressures of large metropolitan populations, and the desire — a highly commendable one — to bring a decent living at the lowest possible cost to the largest possible number of people.

①「どん欲」は，環境の危機とはほとんど関係がないということを我々は知るべきである。②その二つの主たる原因は，人口の圧力，特に大都市の人口の圧力と，大いに賞賛に値する願望なのだが，可能な限り少ない費用で，できるだけ多くの人々にまともな生活をもたらそうという願望である。

✔ Word Check

- □ greed　名「どん欲」
- □ have little to do with 〜　熟「〜とほとんど関係がない」
- □ environmental crisis　「環境の危機」
- □ cause　名「原因」　　　　　　□ especially　副「特に」
- □ pressure　名「圧力」　　　　　□ metropolitan　形「大都会の」
- □ population　名「人口」
- □ commendable　形「賞賛に値する，立派な」
- □ bring A to B　熟「A を B にもたらす」
- □ decent　形「まずまずの」　　　□ possible　形「できる限りの」
- □ cost　名「費用」

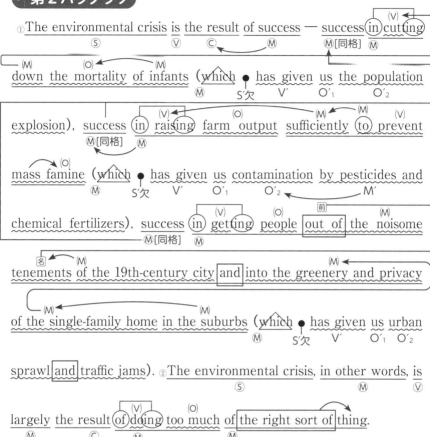

①環境の危機は，目的達成の結果である。つまり，乳幼児の死亡率を減少させる
ことに成功したこと(このことで，人口の急激な増加が生じている)，多数の人々が
飢餓に苦しむのを防ぐために，農業生産高の十分な向上に成功したこと(これによっ
て，我々は殺虫剤や化学肥料による汚染に見舞われるようになった)，19世紀の不
健康な安アパートから抜け出し，郊外の緑豊かな他人に干渉されない場所の一戸建
ての家に引っ越すことに成功したこと(それによって，都市が無計画に広がり，交
通渋滞が生じている)。②環境の危機は，言い換えれば，主として正しい種類のこと
をあまりに多くしすぎたことの結果なのである。

✓ Word Check

- ☐ result 名「結果」
- ☐ mortality 名「死亡率」
- ☐ explosion 名「急激な増加」
- ☐ sufficiently 副「十分に」
- ☐ pesticide 名「殺虫剤」
- ☐ noisome 形「健康に悪い」
- ☐ greenery 名「緑樹，青葉」
- ☐ urban sprawl 「無計画な都市の広がり，スプロール現象」
- ☐ traffic jam 「交通渋滞」
- ☐ cut down 熟「〜を減少させる」
- ☐ infant 名「乳幼児」
- ☐ raise 動「上げる」
- ☐ contamination 名「汚染」
- ☐ chemical fertilizer 「化学肥料」
- ☐ tenement 名「安アパート」
- ☐ suburb 名「郊外」
- ☐ ... sort of 〜 熟「…の種類の〜」

● 第3パラグラフ

①To overcome the problems (that success always creates ●), one must build on it. ②But where to start? ③Cleaning up the environment requires determined sustained effort with clear targets and deadlines. ④It requires, above all, concentration of effort. ⑤Up to now we have tried to do a little bit of everything — and tried to do it in the headlines — when [what we ought to do ● first] is ● draw up a list of priorities.

①目的の達成によって常に生み出される諸問題を克服するためには，成功をさらに進展させねばならない。②だが，どこから始めればよいのか。③環境を浄化することは，明確な目的と最終期限を持った，確固たる，持続する努力を必要とする。④これには，何よりもまず，努力を集中することが要求されるのである。⑤現在に至

220

るまで，最初にすべきことは優先順位リストを作ることであるのに，我々はあらゆることを少しずつ実行してきた。しかも見出しで大きく報道されるように努めていた。

✓ Word Check

- ☐ overcome 動「克服する」
- ☐ determined 形「断固とした，堅く決心した」
- ☐ sustained 形「持続する」
- ☐ above all 熟「とりわけ，何よりもまず」
- ☐ concentration 名「結集，集中」　☐ headline 名「見出し」
- ☐ when 接「…するとき，…なのに」　☐ draw up 熟「作成する」
- ☐ priority 名「優先順位」

○と×の根拠づけをしよう

問1　この文章では（　　　　　）が望ましいと想定されている。

思考プロセス

リード文の **desirability**「**望ましいこと**」に注目します。第1パラグラフ最終文に desire「欲求」という単語がありましたから，この付近が解答根拠です。リード文の desirability という名詞は desire の派生語ですから，すぐに気づけるはずです。

本文の desire に対する to 不定詞の修飾語が少し離れているので，構造上も読み取りにくくなっています。内容一致では，こういった構造の難しいところが解答根拠になる場合も多いのです。desire ... to bring a decent living at the lowest possible cost「可能な限り少ない費用で，できる限り多数の人々にまともな生活をもたらそうという願望」という内容から，②が正解です。

① 「他人と同じように行動するべきだという都市住民への圧力」

▶ pressure「圧力」という単語は，第1パラグラフ第2文に言及があ
ります。しかし，選択肢の to do the same things as other members「他
人と同じように行動する」の部分が本文には書かれていません。選択
肢の内容は，「周りの人と同じような行動をとることを求める（同調）
圧力」のようなものについて言っていますが，こういった内容は本文
に記述がありません。 記述なし

② 「快適な家庭の生活様式で生活すること」

▶ 第1パラグラフ第2文の the desire ... to bring a decent living ...の部
分に合致するので正解です。

③ 「都市の高齢化」

▶ metropolitan「都市部」については，第1パラグラフ第2文に言及が
あります。しかし選択肢の aging「高齢化」については記述がありま
せん。 記述なし

④ 「環境問題に関心をもつこと」

▶ 第1文で「環境危機とは関係がほとんどない」とあるので，「肯定否
定のウソ（プラスマイナスのウソ）」で×。
公式 1 ◀ 肯定否定，反対語によるウソ

問2 （　　　　　）が混雑する道路状況へとつながったかもしれないと第
2パラグラフが示している。

思考プロセス

リード文は ... lead to overcrowded roads「…が混雑した道路を引き
起こした」とあります。ここで考えるポイントは2点！

(1) いつも，プラス・マイナスイメージを意識せよ！

　　overcrowded roads「混雑した道路」は「マイナスイメージ」

(2) いつも，因果関係を示すフレーズに警戒せよ！

　　A lead to B「A が B へとつながる，A が B を引き起こす」のとき，

　　A ＝原因，B ＝結果という関係性が成立します。

　このリード文中，… lead to overcrowded roads の，「…」は"A（原因）lead to B（結果）"という表現の A の位置にあたることから，このリード文は，<u>混雑した道路状況（マイナスイメージ）を引き起こした原因を尋ねている</u>設問であることがわかりますね。「作問者が何を要求しているのか？」「自分が何を答えれば正解になるのか？」を意識し，**設問の要求をすばやくキャッチする**ことが重要です。

　また，こういった「原因」を尋ねる設問において，「結果」を答えてはいけません。いくら本文に選択肢の単語がそのままあるとしても，作問者が求めていない情報（＝リード文で尋ねられていない情報）を答えにすると×になってしまいます。重要なポイントなので繰り返しますが，この設問のリード文中の lead to（A lead to B）がカギになっていて，この設問に対しては「原因」を答えなくてはならないのです。

　本文第 2 パラグラフの構成は，冒頭の文と最終文が，主題文でこのパラグラフのテーマを抽象的に述べています。冒頭の文を訳すと「環境危機は，成功の結果である」となります。この文のイイタイコトは，「環境危機（マイナスイメージ）＝結果，成功（プラスイメージ）＝原因」ということになります。また，最終文を訳すと「環境危機は，良いことをしすぎたことの結果である」とあるので，「環境危機＝結果，良いことをしすぎたこと＝原因」ということがイイタイコトになり，冒頭と最終文がほぼ同じ内容になっています。第 2 パラグラフの途中の部分は「食料・農業問題」さらには「住宅問題」という具体的な内容に踏み込んでいることが，pesticides「殺虫剤」などという単語をチラッと確認するだけ

でもわかりますね。

　例えば，この文章は，全文を通じて，「殺虫剤の歴史」というテーマで熱く語り合う文章ではなさそうです（第1パラグラフや，第2パラグラフの冒頭・最終文の内容からわかりますね）。ということは，pesticides は，文章の主役ではなく，脇役（引き立て役）ということです。抽象的なテーマがあり，それを具体化してわかりやすく説明するために pesticides の話があるわけです。

　こういった長文問題での思考法は，守屋先生の自由英作文での思考法でも登場したはずですからしっかり意識するようにしましょう！　当然ですが，リーディングとライティングはつながっているのです。

① 「多くの人々へのもっと魅力的な生活条件を求めること」
▶第2パラグラフの第1文に which has given us urban sprawl and traffic jams「そのことが，我々に都市の無計画な拡大と交通渋滞をもたらした」とありますね。関係代名詞（which）は，とりあえず「そのことが，それが」のように，代名詞として訳しても OK です。「そのことが（which）」＝【原因】，「交通渋滞」＝【結果】，という考え方が成立しますので，この付近に根拠がありそうです。which の関係代名詞が指すものは，関係代名詞の先行詞ですから，which の前方の内容が解答根拠になるわけです。

　この付近のナガレは，success in getting ... in the suburbs「19世紀の不健康な安アパートから抜け出し，郊外の緑豊かな他人に干渉されない場所の一戸建ての家に引っ越すことに成功したこと」＝【原因】，そしてあとの関係代名詞節へとつながり，which has given us urban sprawl and traffic jams「そのことが，我々に都市の無計画な拡大と交通渋滞をもたらした」＝【結果】となります。

　解答としては，先ほど確認したように，下線を引いた【原因】の部分

を答えるようにしてください。そして，この下線部の内容は，「人々
が魅力的な生活条件を求めていた」と抽象的に言い換えることができ
ますね。与えられている 4 つの選択肢の中では，この①が本文の解答
根拠に最も近いので正解とします。

② 「人々が，正しい種類のことをしない状況」
▶ 第 2 パラグラフの最終文に the right sort of があるのでチェック（選
択肢の kind も本文の sort も「種類」の意味）。本文には <u>do too much</u>
<u>of the right sort of things</u> とありますが，下線部に特に注目！ 内容
をまとめると「正しいことをあまりに<u>多くやりすぎた</u>」の意味です。「多
くやりすぎた」とは，要するに「やっている」ということです。選択
肢には「やって**いない**」とあるので，【肯定否定のウソ】となり×。

<u>公式 1</u> ◀肯定否定，反対語によるウソ

③ 「殺虫剤や化学肥料が環境にもたらす破壊作用」
▶ 選択肢の pesticides や chemical fertilizers「殺虫剤や化学肥料」とい
うワードに注目しましょう。これらのワードに近い意味のマイナスイ
メージのフレーズ（もちろんそのまま同じ単語が本文にも出てくれば
ラッキーですが）を探してみましょう。

第 2 パラグラフの第 1 文には，これらの語句がそのままあるので，
簡単に見つかるはず。本文には，which has given us contamination
by pesticides and chemical fertilizers「殺虫剤や化学肥料による汚染
を我々にもたらした（マイナスイメージ）」とあります。この「□を我々
にもたらした」に特に注目！「□をもたらした」というときの，「□」
にあたる部分は，何かの「結果」ということになるのです。

設問のリード文では，交通渋滞（マイナスの状況）を引き起こした原
因が尋ねられているのです。この選択肢③「殺虫剤や化学肥料が環境

にもたらす破壊作用」では「マイナスの結果」を述べていることになってしまい，【リード文に答えていない】，さらには【因果関係のウソ】ということになるので×です。

公式 8 ◀因果関係・時系列のウソ

公式10 ◀リード文に答えていないウソ

④「農業生産量の大幅な低下」

▶「農業生産」については，第2パラグラフの第1文に farm output とあります。この部分で success in raising farm output「農業生産量を増やすことにおける成功」とあるので，選択肢の decrease と矛盾。【肯定否定のウソ】，【反対語を使ったウソ】で×。

公式 1 ◀肯定否定，反対語によるウソ

問3　この文章によると，環境を改善しようとする努力において初めに取るべき手段となるのは(　　　　　)ことである。

思考プロセス

　まずは，リード文をしっかり読み取りましょう。リード文を軽くアタマの中で意味を取った(軽く訳した)後で，「作問者は何を尋ねているのか？」，「どういった情報を本文に探していけば解答に行き着くのか？」をアタマの中でまとめるようにしましょう。その後，解答に必要な情報を探しながら，本文を読み進めていくことになります。

　リード文から，この設問は，「今後将来に向けてどうしていくべきか提言を述べている」ことがわかるはずです。では，こういった内容が書かれていそうなパラグラフを探してみましょう。見つかりましたか？そう，最終パラグラフです。最終パラグラフの冒頭では「諸問題を克服するために」，第2文には「どこから始めればよいのか」といった言い回しからも，リード文から読み取った情報に近いことが書かれていそうです。最終パラグラフで解答根拠が見つかる可能性が高そうですね。

① 「有機肥料に限って使用する状況へと回帰する」

▶ exclusive use of ～「～に限って使用すること，～だけを使うこと」という言い回しに注意。exclusive は only とほぼ同じで「…だけ」という【強い限定】を示すフレーズです。最終パラグラフに，このような【強い限定】に関するフレーズは無いので×です。

公式 2 ◀極端な言い回しによるウソ

② 「暴利をむさぼる産業に高い税金を課す」

▶ profiteering「暴利をむさぼる」という選択肢中の【マイナスイメージの語句】にすぐに反応！ 本文で探してみますが，全くありません。「記述無し」で×。profiteering という語句を知らないときは，profit「利益」という【経済的要因】に関するワードに注目しましょう。最終パラグラフは「経済」について言及しておらず，【経済的要因】に関わるワードも一切存在しないので，その点も×とするヒントになりますね。

記述なし

③ 「都市内外で自動車の利用を禁止する」

▶ 「～の禁止」＝「～を絶対に使ってはいけない」という【強い否定語】に注目します。本文に探してみるがありません。

公式 2 ◀極端な言い回しによるウソ

④ 「矯正的な行動に対する時刻表を設ける」

▶ 最終パラグラフ第 3 文目に「環境を浄化することは，明確な目的と最終期限をもった…努力が必要」とありますので，この部分が，選択肢④の set up a timetable「明確な工程表を設定する」，corrective actions「(悪化した環境を)修復するための活動」といった言い回しと合致しています。これが正解です。

問4　この文章によると，環境を改善しようとする努力は（　　　　　）を
　　必要とするだろう。

思考プロセス

　最終パラグラフ第3文に「環境を浄化することは」とあるので，この
付近が解答根拠になりそうです。

①「完成させるまでの一定の歳月」

▶最終パラグラフ第3文に，「環境を浄化することは…持続する努力を
　必要とする」とあります。ここで注目すべきは「持続する」という言
　い回しです。「持続する」ということは，「環境を浄化するための努力
　を，ある一定期間続けることが必要だ」とパラフレーズ（言い換え）可
　能ですね。「一時的な，短期の努力では，環境の浄化は達成せず，一
　定の歳月努力を続けなければならない」というのが本文のイイタイコ
　トなのです。選択肢は合致しているのでこれを正解とします。

②「ほとんどの人々の生活水準を下げること」

▶「生活水準の低下」という【経済的要因】を表すフレーズに注目。最終
　パラグラフにこういったフレーズは全くありません。「記述無し」で×。

　　　　　　　　　　　　　　　　　　　　　　　　　　　記述なし

③「都市の車の渋滞を取り除くこと」

▶「渋滞」の話は，解答根拠になるはずの第3パラグラフには全くあり
　ません。この時点で×と考えても結構です。実は，私たちは別の設問
　を解いていたときに，この「渋滞」に関する話を第2パラグラフで読
　み取っていたのですが，この選択肢の「取り除く」という言葉は，第
　2パラグラフにもありません。完全に「記述無し」で×。　**記述なし**

④「裕福な人々の側での犠牲」

▶この選択肢も「経済的要因」について言及していると言えるでしょう。②と同様に，今リード文から，解答根拠である可能性が高い，最終パラグラフでは一切，経済に関するフレーズが出ていませんので，記述無しで×。　　　　　　　　　　　　　　　　　　　　　　　　　　　　[記述なし]

問5　最終パラグラフによると，環境保護論者はこれまで(　　　　　)。

[思考プロセス]⚙

　リード文より，最終パラグラフを探すことになります。リード文のenvironmentalists「環境保護論者」は，「環境浄化に取り組む人々」のこと。「環境浄化」については，第3文で言及され，第5文以降の主語として出てくる we は「人々」くらいの意味です。

　このパラグラフの場合，特に対比などが無いので，we を強く訳す必要はありません。「環境浄化を意識し，それに取り組む(不特定の)人々」くらいのニュアンスで理解すればいいでしょう。

①「あまりに複雑な戦略を計画してきた」

▶ complicated(= complex)「複雑な」は，入試頻出ワードですが，最終パラグラフに記述無しで×。　　　　　　　　　　　　　　　　　[記述なし]

②「同時にあまりに多くの前線での戦いを進めてきた」

▶最終パラグラフの第3文～第5文が解答根拠。内容をコンパクトにまとめると，第3文「環境浄化は…努力が必要」，第4文「その努力は集中すべき」，第5文「なのに，今まであらゆることをやりすぎてきた」となります。要するに「環境浄化の活動のための努力を集中すべきなのに，色々なことに手を広げすぎてきた」ということになります。波線の部分がこの選択肢②の内容と合致していますので，正解とします。

③「優先順位について決定してきた」

▶最終パラグラフの第5文に「最初にすべきことは優先順位リストを作ること」とあります。**内容一致問題を解く際に「…すべき」という言い回しを見たら，「まだ現状では…できていない」とパラフレーズして（言い換えて），合致しているかどうか考えるようにしましょう。**本文では「すべきことは優先順位リストを作ること」＝「まだ現状では優先順位リストは作られていない」とパラフレーズできるので，この③の選択肢の内容「これまで優先順位について決定してきた」と矛盾していますから×となります。　公式 1 ◀肯定否定，反対語によるウソ

公式 5 ◀義務フレーズのウソ

④「誰にも知られずに計画を実行に移してきた」

▶最終パラグラフ第5文に「これまで，ヘッドライン（新聞などの見出し）になるような状態で，あらゆることを実行してきた」とあります。このin は状態を示し，「〜の状態で，〜になって」のように訳すとよいですね。新聞などの見出しで報道されてしまっているということは「世間の人に知られている」ことになるので，選択肢の「誰にも知られずに」と矛盾し×とします。　公式 1 ◀肯定否定，反対語によるウソ

[正解]　問1　②　　　問2　①　　　問3　④　　　問4　①　　　問5　②

形容詞的Mと副詞的M

■ 形容詞的に働くMか？ 副詞的に働くMか？

　英文の中心(S / V / O / C)以外の要素を，M(modifier，修飾語)と呼びます。

He went **to the hospital**.
S　V　　　　M

「彼はその病院へ向かった」

★ He went「彼が行った」の SV 部分が英文の中心です。中心以外の to the hospital の部分が M(修飾語)となります。特に，went「行った」という V について詳しい説明を付加しているので，副詞的な M(副詞句)という場合もあります。

This is the book **published in 1980**.
S　V　　C　　　　M

「これは 1980 年に出版された本です」

★ This is the book までで SVC，ここがこの英文の中心です。published in 1980 は，the book「本」に対する詳しい説明になっています。つまり published から始まる語句は the book にかかる M(修飾語)ということになります。この英文のような，**名詞について説明を加える M は形容詞的な M** と呼ばれます。

　以上より，M は，V などの名詞以外の**副詞的な M と形容詞的な M の大きく 2 種類に分かれる**というのが原則になります。

　ただし，M ＝具体説明部分，という理解だけでも，内容をつかむこ

とができる場合も実際は多いのです。

　制限時間のある実際の試験会場で内容一致問題を解く際には，「M が副詞的な M か？ 形容詞的な M か？」といった細かい区分まで理解しなければ，正解の選択肢にたどりつかないときだけ，こういった細かい分類を考えれば良いのです。

　比較的時間に余裕があるふだんの英語学習では，英語力アップのため，多少細かな区分けまで学習しておくと，難問レベルの問題が解けるようになり差がつけることができますし，国立大学の記述式の和訳問題にも対応できるという利点もありますね。

　しかし数か月に一度の模擬試験や各種民間試験，1 月以降の実際の入試試験会場では，**内容一致問題を解く際には，選択肢を切ることに貢献しない，得点につながらない努力は無駄である**，という点を意識しましょう。実際の試験会場では，得点につながることだけに集中するようにしましょう。

　たとえば，今回の本文中，第 1 パラグラフの第 2 文目（英文途中まで）の，to bring a decent living ...の不定詞の部分ですが，これは，細かい区分けをすれば，the desire「願望」という名詞にかかる【不定詞の形容詞用法】ということになります。つまり，形容詞的な M ですね。

　desire などの願望・欲求などの意味示す名詞（desire 以外に，the want「欲求」，the hope「願望」など）**は，後方に to *do* ...の M が付くことが多い**のです。これは，英文法問題でも国立大学に出題される和訳問題では重要ですから，ふだんの英語学習では，しっかり意識しましょう。

　また，復習の際に，こういったポイントを意識してわかりやすい日本語訳をノートに作ってみるのも，英語力アップのためには素晴らしい勉強です。

しかし，制限時間のある，実際の試験会場では，"desire「願望」までが，英文の中心で，その先は，具体説明が来るはずだ，to do の部分は M だ"という「英語は，左から右へ行けば行くほど情報が，詳しくなり具体化されていく」イメージを持ちながら，「つまり，どういうこと？」，「それはいったい何？」，「もっと詳しく言ってよ！」とアタマの中でつぶやきながら，具体的な情報を求めるキモチで英語の順番どおり読み進めていけば良いのです。

　to do が形容詞用法か？　副詞用法か？「ための」って名詞にかけて訳すのか？「ために」って V などにかけて訳すのか？は，今回のレベルのような問題においては，どうでもよいことです。

　試験時間中は，英語が苦手な人なら，これくらいの意識でも十分です。

... the desire — a highly commendable one — to bring a decent living ...
「願望があった／**つまり極めて賞賛に値するものだった**／**それは**きちんとした生活を送るためだった」

　本文は下線部和訳問題ではないので，試験時間中は，美しい日本語にする必要はありません。「**desire までが英文の中心（主節），そこから先は具体説明の M だ！**」ということだけ意識できれば良いでしょう。

第
10
問

環
境

WRITING PICK UP ⑩

「当たり前」を疑うことと効果的に引用すること

今回の英文を読んでみてどうだったでしょうか。今までとは異なる観点で環境問題について捉えなおすことができたのではないかと思います。

今回は，この文章のように「捉え直すこと」を求めるテーマを扱ってみたいと思います。普段当たり前に感じていたものを見つめ直したり捉えなおしたりしてみましょう。

Imagine if there were only one language in the world. What do you think would happen to the world? Write about 100 words in English.

「世界に言語がひとつしかなかったとしたら世界に何が起こるか」という問いです。我々にとって「**当たり前**」のことである「**多様な言語が存在する世界**」ではなく，「**言語がひとつしか存在しない世界**」を仮定することで，「**言語が担っている役割**」を考えさせるようなテーマですね。

こうして「当たり前」を「捉え直す」ことを求めるテーマは，あるものが有している意味や役割などの検討が求められるため，なかなか難しいものです。

また，今回のようなテーマの場合には**仮定法を使うことが必要となることも多い**ので，その点にもしっかりと意識を向けて取り組んでみてください。

● **Model Answer ①** 「今よりも世界の状況は悪くなる」────────●

今回のような問いの場合には，大まかに（言語がひとつしかない世界だったら世界は）【**今よりも良くなる**】か【**今よりも悪くなる**】か【**今と変わらない**】という展開が考えられますが，今回は「良くなる」と「悪くなる」を扱ってみます。

モデルアンサーのひとつめには「悪くなる」を持ってきました。少しレベルの高い答案ですが，内容的にも知っておいて欲しいものなので，頑張って読んでみてください。

If there were only one language in the world, the world would be a less progressive and more boring place than it is now. This is because

---

that would mean a loss of diversity of thought. It is said that we think with language, and each language has evolved to reflect the culture and society behind it. If there were only one language, there would be significantly less possibility for different ways of thinking. Without linguistic diversity, Wangari Maathai, the Nobel prize winner, would not have been impressed by the word "mottainai" and the world would not have been changed by it. Diversity is the source of progress. (108)

<訳>

　もし世界にひとつの言語しかなかったら，世界は今よりも進歩のない，つまらない場所になってしまうでしょう。そぜなら，それは思考の多様性が失われることを意味するからです。人は言語で思考すると言われており，そして，それぞれの言語はその背景にある文化や社会を反映して発展してきました。もし言語がひとつしかなければ，さまざまな考え方が生まれる可能性は著しく低くなるでしょう。言語の多様性がなければ，ノーベル賞を受賞したワンガリ・マータイさんも「もったいない」という言葉に感銘を受けることはなく，それによって世界が変わることもなかったでしょう。多様性こそが進歩の源なのです。

　はじめに「世界は今よりも進歩のない，つまらない場所になる」と述べ，言語がひとつしかなかったら世界が今よりも良くない方向に向かうと主張しています。

　その理由として，「**言語の多様性の喪失＝思考の多様性の喪失**」だと述べています。これだけだと少し難しいので，「人は言葉で思考する」ということと「それぞれの言語が文化や社会を反映して発展してきたものである」ことに触れていますね。

　つまり，【**多様な文化があるから多様な言語がある。言語の違いは社会・文化の違いの結果であり，それは思考の違いに関わるのだ**】と展開しているわけです。

　言語がひとつしか存在しない世界であれば文化や社会の違いも乏しく，みんなが同じような思考を持つことになるかもしれない，それはどうなんだ，ということですね。

　さて，これだけだと論理展開が抽象的なままですから，ノーベル賞受賞者のワンガリ・マータイさんが日本語独自の表現である「もったいない」という言

葉に感銘を受け世界に発信したエピソードを紹介し，最後に「多様性こそが進歩の源泉」とまとめています。この最後の1文だけでも味わって自分のものにしてほしいですが，今日のポイントは【偉人・有名人の力の借り方】にあります。

● 偉人・有名人の力の借り方 ────────────────────●

　今回のポイントは【偉人・有名人の言葉やエピソードの使い方】についてです。キング牧師の "I have a dream." が印象的なスピーチや，彼のエピソード，またはスティーブ・ジョブズがスタンフォード大学の卒業式で行ったスピーチやその締めくくりに登場する "Stay hungry. Stay foolish." という言葉，その他有名な科学者やアスリートの言葉など，世界に影響を与えた人々の言葉には強い説得力があります。彼らの力を借りることができれば，自分の主張をより強力なものとできるはずです。

　ただ，学習者の多くは【どこで】こうした偉人・有名人の力を借りるのかがしっかりと理解できていないことが多く，良かれと思って力を借り，論証を台無しにしてしまうことが結構あります。

　たとえば，

Human beings have a variety of qualities, such as kindness and curiosity. Which do you think is the most important among them?
「人間には優しさや好奇心など様々な素養があるが，その中であなたはどれが最も重要だと考えるか」

という問いに対して「情熱こそが最も重要だ」と答えるとしましょう。その際に，

Passion is the most important quality. This is because Steve Jobs said, "Stay hungry. Stay foolish."
「私は情熱こそが最も重要だと思う。なぜならばスティーブ・ジョブズは "Stay hungry. Stay foolish." と言っているからだ」

などと書いてしまう人は意外と多いのです。

　せっかく覚えた「説得力のある言葉」を理由として使いたくなってしまうからなのだと思いますが，これでは「"スティーブ・ジョブズがこう言っている

から"そうなのだ」と言っていることになってしまうわけですね。

　これでは説得力のある展開にはなりようがありません。**ここでの偉人・有名人の力の借りどころは理由をサポートするタイミングであり，「それそのもの」を理由として書いてはいけないのです。**

　この例であれば，

　Passion is the most important quality. This is because passion can help people to overcome difficulties. **Steve Jobs, who overcame many difficulties and still has a great influence on the world, said, "Stay hungry. Stay foolish."** I think, by saying this, he is stating the importance of staying passionate and working hard in order to succeed.

　「私は情熱こそが最も重要だと思う。なぜならば情熱は人が困難を乗り越えるのに役立つからだ。多くの困難を乗り越え，現在も世界に大きな影響を与えているスティーブ・ジョブズは"Stay hungry. Stay foolish."と言った。この言葉で彼は，成功するためには情熱を絶やさず努力することの重要性を述べていると私は思う」

　このようにして使うのがよい使い方であるということになります。なお，言葉の引用のあとにその言葉の自分なりの意味説明も述べられていますね。こういった展開をするとより伝わりやすく効果的になることも覚えておいてください。強力な武器も使いどころを間違えれば全体を台無しにしてしまいます。しっかりと使いどころを知ってくださいね。

　今回のように，「**捉え直す**」ようなテーマ以外でも，「**仮定法を使わなくてはならない出題**」は多くなされます。たとえば，「タイムトラベルできたとしたら…」というような問いが2017年に滋賀大学で，2020年には旭川医大で出題されています。

　2020年に神戸市外大で出題されたような「本や映画やマンガやアニメなどのキャラクターに会えるとしたら誰に会いたいか」という問いもこのタイプです。なお，今回と同様の問題は2010年に東京大学でも出題されています。発想の点でも文法の点でも考えなくてはならないことが多いですね。しっかりと

対応できるようにしておきましょう。

Useful Expressions

- [ ] **without A, 〜「Aがなかったら〜」**
  → その言葉がなかったら，私の人生は全く異なるものになっていたでしょう。
  Without the words, my life would have been completely different.
- [ ] **This means that 〜「これは〜を意味する」**
  → これは社会が発展すればするほど学ぶことがより多くなるということを意味している。
  This means that the more developed a society becomes, the more we have to learn.
- [ ] **A, ..., 〜「…であるAは〜」**
  → 有名なコメディアンであるチャーリー・チャップリンは，"Imagination means nothing without doing.（行動を伴わなければ想像力には何の意味もない。）" と言った。
  Charlie Chaplin, a famous comedian, said, "Imagination means nothing without action."

● **Model Answer ②** 「今よりも世界の状況は良くなる」——————●

　If there were only one language in the world, the world would be more peaceful than it is now. First, misunderstandings due to language differences are the cause of many conflicts. If we all spoke the same language, many of these misunderstandings would be resolved and at least that would reduce the number of conflicts. Second, we tend to feel closer to people who speak the same language as us. For example, when we travel abroad, we feel more at ease when we find people speaking the same language that we speak. A shared language gives people a sense of belonging. (101)

<訳>
　もし世界に一つの言語しかなかったら，世界は今よりもっと平和になっているはずです。第一に，言語の違いによる誤解が多くの紛争の原因となっているからです。みんなが同じ言葉を話せば，そのような誤解の多くは解消され，少なくとも紛争の数は減るはずです。2つ目は，私たちは同じ言語を話す人に親近感を覚える傾向があるからです。例えば，海外旅行に行ったとき，自分と同じ言葉を話す人がいると，安心感を覚えます。言語を共有することで，人は仲間意識を持つことができるのです。

＊　　　　　＊　　　　　＊

　さぁ，これで全10回の講義はおわりです。各問題に取り組む中で，「**読み方**」や「**解き方**」はもちろんのこと，「**"読むこと"と"書くこと"が繋がっている**」という学びも得てくれていたらこれほど嬉しいことはありません。

　「**しっかりと読む**」ことは「**書く力**」を育みます。また，「**しっかりと書く**」ことで研ぎ澄まされた論理・展開に対する感覚は，「**読む力**」をもう一段階引き上げてくれます。そうして鍛え上げられた「**言葉の力**」がこれから先の様々な場面で支えとなるのです。

　人は言葉で思考します。豊かな言葉の力に裏打ちされた力強い思考力をもった人になってください。これから出会う，様々な「答えの用意されていない問題」に立ち向かうためにもその力は欠かせないものです。今は未来が不安かもしれません。でも，**"If it's to be, it's up to me!"**，そう，「**全ては自分次第！**」です。勇気をもって踏み出す一歩をいつだって応援しています。大丈夫，君ならできる。

　それでは，またどこかでお会いしましょう。お疲れ様でした！

守屋 佑真

出典一覧

第１問　東京経済大学，改題

第２問　近畿大学，改題

第３問　神田外語大学，改題

第４問　名古屋外国語大学，改題

第５問　日本大学，改題

第６問　玉川大学，改題

第７問　関西学院大学，改題

第８問　早稲田大学，改題

第９問　明治大学，改題

第10問　慶應義塾大学，改題

登木 健司 *Kenji TOKI*

河合塾講師

担当講座のほとんどが優先申し込み期間中に締め切りになる，全国トップレベル
の受講者動員数を誇る河合塾英語科の若手講師である。

河合塾のライブ講義の間に講演会や執筆もこなす。衛星授業(河合塾サテライト)，
映像授業(河合塾マナビス)も担当している。

京都大学対策講座，早慶大や MARCH 対策講座，名古屋大対策講座，その他基
礎レベルから，医学部・東大志望のトップ層まで幅広く講座を担当。基礎・標準ク
ラスではシンプルなルールで誰でも英語が読めるようになる【品詞分解講義】で大人
気。また，上位層には，英文の背後に潜在する思想に切り込み，表現の裏まで読み
込む，生きた日本語に訳出する【戦略的読解法講義】で，「英語 4 技能の全ての分野
に繋がる盤石の土台ができ，大学に入ってからも役立つ講義」と絶大な支持を得る。

著書に『登木健司 難関大英語長文講義の実況中継①〈私大編〉／②〈国公立大学
編〉』，『英語リーディング・ブラッシュアップ』，『英語リーディング・ブラッシュアッ
プ〈スタンダード編〉』(以上，語学春秋社)，『大学入試 ひと目でわかる英文読解』(教
学社)，『大学入試 登木健司の英文読解が戦略的にできる本』(KADOKAWA 中経出
版)がある。

＊　　　　　＊　　　　　＊

登木先生の講習・講演会等のイベント，また，勉強法についての最新情報は，こ
ちらをご覧ください！

http://www.senryaku-shikou.com/top.html

守屋 佑真　*Yuma MORIYA*

　1981年生まれ。河合塾講師。難関国公立・難関私大などトップ層から高1生の講座まで幅広く担当し，民間英語資格試験の指導にも精通した人気講師。

　河合塾マナビスでは共通テストリスニング対策講座や私大英語対策講座に加え，GTEC，英検，TEAP対策講座など多数担当。高校2年次に米国 Moses Brown School に1年間留学。早稲田大学法学部卒。英検1級。TOEIC対策関連書籍を複数監修。児童英語指導員。保育士（当時きりん組さん担当）。玉川大学英語研修講師として小中学校教員に向けた研修，及び幼稚園英語教育プログラムのカリキュラム開発・研修も行う。全年齢を対象とした英語教育に関わり，英語教育全体を一筆書きに考察することを目指している。

　Twitter（@yumamoriya）ではそうした情報とともに，お酒や料理の話など全然関係ないことも発信している。

　著書に『CD付 イラストで直感的にわかる 小学英語ワークブック 小学生のうちから学んでおきたい英文法が身につく』，『GTEC 2週間でスピーキング・ライティングの力が面白いほど身につく本 Type-Advanced / Type-Basic』（以上，KADOKAWA）がある。

〈英文校閲〉
　ワット・ジェイムズ（翻訳家）

英語

大矢復
図解英語構文講義の実況中継

定価：本体1,200円+税

高校生になったとたんに英文が読めなくなった人におすすめ。英文の仕組みをヴィジュアルに解説するので，文構造がスッキリわかって，一番大事な部分がハッキリつかめるようになります。

【大学入学共通テスト】**石井雅勇** CD2枚付　定価：本体2,200円+税
英語[リーディング・リスニング]講義の実況中継

共通テスト英語の出題形式と攻略法を，「リーディング対策編」，「リスニング対策編」の両パートで徹底解説! 試行テスト問題演習&オリジナル予想問題演習で，どんな問題にも対応できる実戦力を磨きます。

国語

出口汪
現代文講義の実況中継①～③ <改訂版>

定価：本体(各)1,200円+税

従来，「センス・感覚」で解くものとされた現代文に，「論理的読解法」という一貫した解き方を提示し，革命を起こした現代文参考書のパイオニア。だれもが高得点を取ることが可能になった手法を一挙公開。

兵頭宗俊
実戦現代文講義の実況中継

定価：本体1,400円+税

「解法の技術」と「攻略の心得」で入試のあらゆる出題パターンを攻略します。近代論・科学論などの重要頻出テーマを網羅。「日本語語法構文」・「実戦用語集」などを特集した別冊付録も充実です。「現実に合格する現代文脳」に変われるチャンスが詰まっています。

【大学入学共通テスト】

定価：本体1,500円+税
安達雄大 現代文講義の実況中継

「そもそも現代文の勉強の仕方がわからない」と悩んでいる受験生のために，現代文対策のコツを基礎から徹底解説。思考の流れを一つずつ図解で確認しながら，確実に正解にたどり着く解法を伝授します。

望月光
古典文法講義の実況中継①/② <改訂第3版>

定価：本体(各)1,300円+税

初心者にもわかりやすい文法の参考書がここにある!文法は何をどう覚え，覚えたことがどう役に立ち，何が必要で何がいらないかを明らかにした本書で，受験文法をスイスイ攻略しよう!

山村由美子
図解古文読解講義の実況中継

定価：本体1,200円+税

古文のプロが時間と労力をかけてあみだした正しく読解をするための公式"ワザ85"を大公開。「なんとなく読んでいた」→「自信を持って読めた」→「高得点GET」の流れが本書で確立します。

山村由美子
図解古文文法講義の実況中継

定価：本体1,200円+税

入試でねらわれる古文特有の文法を，図解やまとめを交えてわかりやすく，この一冊にまとめました。日頃の勉強がそのままテストの得点に直結する即効性が文法学習の嬉しいところ。本書で入試での得点予約をしちゃいましょう。

大学入学共通テスト

定価：本体1,600円+税

山村由美子 古文講義の実況中継

共通テスト古文で高得点を取るための秘訣を全公開!!「単語」→「文法」→「和歌」→「総合問題演習」→「共通テスト型問題演習」と，順を追って手応えを感じながら学べます。巻末付録には，「試行テスト」を2題収録。

大学入学共通テスト

定価：本体1,500円+税

飯塚敏夫 漢文講義の実況中継

共通テスト漢文は，「漢文法」「単語」「漢詩」を押さえれば，満点が取れるおいしい科目。本書で速習攻略できます！さらに，2題の予想問題で本番を意識した対策も万全です。漢文公式を1冊にまとめた別冊サブノート付き。

石川晶康
CD付

定価：①・②本体(各)1,200円+税
　　　③・④本体(各)1,300円+税

日本史B講義の実況中継①〜④

日本史参考書の定番『石川日本史講義の実況中継』が，改訂版全4巻となって登場！文化史も時代ごとに含まれ学習しやすくなりました。さらに，「別冊講義ノート」と「年表トークCD」で，実際の授業環境を再現！日本史が得点源に変わります！

石川晶康

定価：本体1,400円+税

日本史Bテーマ史講義の実況中継

「史学史」「女性史」「琉球・沖縄史」など必須テーマから，メインの「政治史」まで，入試頻出テーマに焦点をしぼった一冊。「論述対策」も盛り込まれた本書は，これまでの日本史学習の成果を得点力にかえる，総仕上げの一冊です。

英語4技能時代に対応!!
6段階 マルチレベル・リスニングシリーズ

石井 雅勇 著

※レベル分けは，一応の目安とお考えください。

小学上級〜中1レベル

❶ グリーンコース

CD1枚付／ 900円＋税

日常生活の簡単な会話表現を，イラストなどを見ながら聞き取る練習をします。

中2〜中3レベル

❷ オレンジコース

CD1枚付／ 900円＋税

時刻の聞き取り・ホテルや店頭での会話・間違いやすい音の識別などの練習をします。

高1〜高2レベル

❸ ブルーコース

CD1枚付／ 900円＋税

インタビュー・TVコマーシャルなどの聞き取りで，ナチュラルスピードに慣れる訓練を行います。

共通テスト〜中堅大学レベル

❹ ブラウンコース

CD1枚付／ 900円＋税

様々な対話内容・天気予報・地図の位置関係などの聞き取りトレーニングです。

難関国公私大レベル

❺ レッドコース

CD1枚付／ 900円＋税

英問英答・パッセージ・図表・数字などの様々な聞き取りトレーニングをします。

最難関大学レベル

❻ スーパーレッド コース

CD2枚付／ 1,100円＋税

専門性の高いテーマの講義やラジオ番組などを聞いて，内容をつかみ取る力を養います。

全コース共通

リスニング・ ハンドブック

CD1枚付／ 900円＋税

リスニングの「基本ルール」から正確な聞き取りのコツの指導まで，全コース対応型のハンドブックです。

英語4技能時代に対応!!
6段階 マルチレベル・スピーキングシリーズ

石井 雅勇 著

※レベル分けは，一応の目安とお考えください。

小学上級〜中1レベル
❶ グリーンコース
CD1枚付／1,000円＋税

自己紹介やあいさつの音読練習から始まり，イラスト内容の描写，簡単な日常表現の演習，さらには自分自身の考えや気持ちを述べるトレーニングを行います。

中2〜中3レベル
❷ オレンジコース
CD1枚付／1,000円＋税

過去・未来の表現演習から始まり，イラスト内容の描写，日常表現の演習，さらには自分自身の気持ちや意見を英語で述べるトレーニングを行います。

高校初級レベル
❸ ブルーコース
CD1枚付／1,000円＋税

ニューストピック・時事的な話題などの音読練習をはじめ，電話の応対・道案内の日常会話，公園の風景の写真説明，さらにはインターネット・SNSなどについてのスピーチトレーニングを行います。

高校中級レベル
❹ ブラウンコース
CD1枚付／1,000円＋税

テレフォンメッセージ・授業前のコメントなどの音読練習をはじめ，余暇の過ごし方・ショッピングでの日常会話，スポーツの場面の写真説明，さらに自分のスケジュールなどについてのスピーチトレーニングを行います。

高校上級〜中堅大レベル
❺ レッドコース
CD2枚付／1,200円＋税

交通ニュースや数字などのシャドーイングをはじめ，写真・グラフの説明，4コマまんがの描写，電話での照会への応対及び解決策の提示，さらには自分の意見を論理的に述べるスピーチのトレーニングを行います。

難関大学レベル
❻ スーパーレッドコース
CD2枚付／1,200円＋税

様々な記事や環境問題に関する記事のシャドーイングをはじめ，講義の要旨を述べる問題，写真・グラフの説明，製造工程の説明，さらには1分程度で自分の意見を述べるスピーチのトレーニングを行います。

全コース共通
スピーキング・ハンドブック
CD3枚付／1,600円＋税

発音やイントネーションをはじめ，スピーキング力の向上に必要な知識と情報が満載の全コース対応型ハンドブックです。